LA BIBBIA
UN PO' PER GIOCO, UN PO' PER AMORE

GENESI-ESODO

Rosalba Rossi Corocher

www.theperfectedition.com

First published in United Kingdom
by The Perfect Edition in 2013

copyright © 2013 Rosalba Rossi Corocher

The moral right of the author has been asserted.

All characters and events in this publication other than those clearly in the public domain are fictitious and any resemblance to real persons living or dead is purely coincidental.

All rights reserved.
No part of this publication may be reproduced, stored in a retrieval system or transmitted in any form or by any means without the prior permission in writing of the publisher not to be otherwise circulated in any form of binding or cover other than that in which it is published and without similar conditions including this condition being imposed on the subsequent purchaser.
Photos and illustrations are subject to copyright

A CIP catalogue record for this book is available
from the British library

ISBN code: 9780957650046

The Perfect Edition
Communications House 26 York Street
London W1U 6PZ United Kingdom

info@theperfectedition.com
www.theperfectedition.com

*Dedicato al popolo che,
dopo migliaia di "anni horribiles",
conserva il coraggio di ritenersi eletto.*

INDICE

	RINGRAZIAMENTI	1
	PREFAZIONE	5
	GENESI	8
1.	CAPITOLO	9
2.	CAPITOLO	15
3.	CAPITOLO	23
4.	CAPITOLO	31
5.	CAPITOLO	41
6.	CAPITOLO	51
7.	CAPITOLO	57
8.	CAPITOLO	63
9.	CAPITOLO	67
10.	CAPITOLO	71
11.	CAPITOLO	77
12.	CAPITOLO	81

13. CAPITOLO	89
ESODO	96
1. CAPITOLO	97
2. CAPITOLO	105
3. CAPITOLO	111
4. CAPITOLO	119
5. CAPITOLO	125
6. CAPITOLO	131
7. CAPITOLO	139
8. CAPITOLO	145
9. CAPITOLO	149
10. CAPITOLO	157

RINGRAZIAMENTI

Questo libro è stato scritto qualche anno fa e, pur apprezzato dai pochi che in questo periodo ne hanno preso visione, ha riposato in un virtuale cassetto finché ha ripreso vita attraverso le parole di apprezzamento di un carissimo amico, Francesco Pagot, sceneggiatore di successo a livello internazionale ed autore a sua volta di storie deliziose (Franz scrive abitualmente in inglese) che hanno avuto notevoli risultati editoriali.
E' a lui che vanno principalmente i miei ringraziamenti "umani".

Il mio lavoro è stato sostenuto ed incoraggiato dall'amore e dalla costante presenza di mio marito Carlo, il cui aiuto è sempre determinante. A lui va il mio grazie più affettuoso e riconoscente.

Un grazie che esce dal mio animo è per Colui che per mezzo di Sua Madre mi ha, seppur per anni inascoltato, sostenuto e protetto nella mia quarantennale traversata del deserto.

[...] l'uomo vede l'apparenza,
ma il Signore vede il cuore
Primo libro di Samuele, 16, 7

Il bisogno di trascendenza, che talvolta ci scoppia chiaro nell'anima, può manifestarsi anche in maniera subdola, come una talpa che lavora in cunicoli sotterranei, per poi sbucare improvvisamente all'aperto, con tutto uno "spaccar" di terra.

Questo Dio che ci perseguita da millenni noi lo adoriamo, lo temiamo, lo inganniamo, lo neghiamo o lo ignoriamo.

Per esorcizzarlo lo prendiamo in giro, e facciamo finta che sia tutto un gioco.

Rosalba

PREFAZIONE

Nei paesi anglosassoni protestanti il Libro è da secoli parte integrante della vita familiare delle persone di ogni ceto.

Per le note vicende storico-religiose, ciò non è accaduto nei paesi neo-latini, dove la lettura e l'interpretazione della Bibbia sono rimaste, quasi fino ad oggi, appannaggio esclusivo della Chiesa.

Fino a pochi decenni fa chi cercava di leggere le Sacre Scritture per proprio conto (senza essere uno studioso in qualche modo a ciò autorizzato) veniva guardato con sospetto o considerato perlomeno un tipo strano.

Chi voleva coraggiosamente cimentarsi in un percorso individuale, trovava esclusivamente edizioni con "imprimatur", e cioè che avevano passato il vaglio delle autorità religiose.

La Bibbia è rimasta perciò, soprattutto per noi italiani, un testo conosciuto solo da una piccola e selezionata cerchia di storici e ricercatori.

Se ciò vale per la mia e per le passate generazioni, che qualche piccola e misurata infarinatura riuscivano ad averla con il catechismo e le altre pratiche religiose della tradizione cattolica, sicuramente vale ancor più per i giovani.

L'autrice non vuole certo passare per biblista o sostenere di avere svolto uno studio approfondito su di un testo che è già stato analizzato e sviscerato da esperti di ogni tempo e provenienza.

E' semplicemente una persona che ha scoperto come la lettura della Bibbia sia spesso commovente, talora addirittura travolgente, anche se, qualche volta, inevitabilmente un po' lenta e poco comprensibile, come si può facilmente intuire, trattandosi di un libro con fatti e personaggi, veri od immaginari, vecchi di migliaia d'anni.

Lo scopo di questo libro "semiserio" (che per ora riguarda le due prime parti della Bibbia) è quello annunciato nel titolo, un avvicinarsi ad un mostro sacro con un po' di leggerezza, humour e tanto amore, sperando che i lettori, soprattutto i giovani, vengano invogliati ad andare a "vedere" con i propri occhi i personaggi straordinari e le vicende altrettanto straordinarie in esso raccontati.

Rosalba Rossi Corocher

Venezia, 30 ottobre 2008

CAPITOLO I

Ho sempre trovato consolante pensare che ci sia un Padre sopra la nostra testa, bello steso ad occupare l'infinito firmamento, adagiato in una soffice, comoda poltrona di morbide nuvole bianche.

Un Padre che ha tutto, sempre, sotto controllo.

Pronto a consolarci dei nostri dolori, a partecipare alle nostre gioie, a giustificare con la sua sola esistenza i misteri dei nostri attimi di sempre dubbia consapevolezza.

Un Padre potente, eterno, infallibile ed immancabilmente giusto che, naturalmente, ci sappia anche castigare al momento opportuno, ma solo per insegnarci a non sbagliare più.

Da bambina, candida sognatrice, osservavo il velluto scuro del cielo blu e, immancabilmente, pensavo che i lumini sfavillanti così numerosi nella notte fossero provocati dalla curiosità irrefrenabile degli angeli più giovani.

Immaginavo che quei misteriosi, bellissimi semidei alati, con un minuscolo dito angelico, avessero forato la morbida coperta che avvolgeva l'accecante, perfetta, sempre costante e pulita luce di Dio per sbirciare giù, in quel caotico ed affascinante mondo che si stendeva, pieno di mille misteriosi rumori, sotto di loro.

Un mondo che il Dio, forse in un momento di noia, aveva voluto a tutti i costi creare e popolare con delle strane creature.

Gli angeli mi parevano sempre incapaci di resistere al desiderio di sapere cosa stessero facendo quei cugini di grado inferiore che, da quanto si sussurrava là in alto, si erano giocati l'eterna beatitudine con una sfrontata ed inaudita disobbedienza.

Guardavo a lungo quei puntini così luminosi, con la certezza che essi erano soltanto un piccolissimo esempio della perfetta luce divina in cui annegava l'universo intero.

Era straordinariamente bella quell'innocenza, inconsapevole e sapiente, non ancora inacidita dal morso alla mela della conoscenza, ed io, come tutti i bambini, assaporavo senza analizzare, godevo senza discutere.

Certo che questo Padre, saggio ed onnipotente, che ci sovrasta e ci condiziona da un'eternità, a noi poveri e fallaci figli di terra é parso, talvolta, un po' capriccioso e prepotente.

In segno tangibile della sua speciale predilezione, prima ci crea a sua immagine e somiglianza, dimostrando peraltro una buona dose di vanità. Essendo nostro Padre, ovviamente, ci trasmette anche una parte del suo orgoglio e della sua infinita intelligenza.

Non che io mi lamenti del risultato finale che, a conti fatti, mi sembra abbastanza buono.

Poi però ci riconosce come figli suoi, legittimi e definitivi, solo se seguiamo le sue direttive, senza sgarrare di un passo.

Finisce per incasinare per bene il tutto raccontandoci, o facendoci raccontare per interposta persona, quella bella trovata pubblicitaria che è la questione del libero arbitrio.

Va' a parlare ad Adamo del libero arbitrio, ne avrebbe delle belle da raccontare!

Era perfetta l'innocenza, talmente perfetta che la rincorriamo in tutti i modi da un'infinità di anni: prostrandoci davanti ad idoli di terracotta o d'oro, perforandoci il cervello alla ricerca di risposte o annegandoci nella ricerca di un mondo senza pensiero.

Solo pochi fortunati, nel corso dei secoli e dei millenni, sono riusciti a ritrovarla.

Si tratta di esseri umani apparentemente normali, sinceri nella rinnovata perfezione, capaci di stupirci e commuoverci profondamente.

Ma noi, povera massa oscura, continuiamo ad avere poche speranze.

Quando ci ha "impastato", però, ce l'ha istillato lui quel tarlo del sapere e dello spiegare a tutti i costi, dell'indagare e del non essere mai soddisfatti.

E' stato chiaramente un difetto di fabbricazione, per il quale dovremmo acerbamente protestare, altro che peccato originale!

D'altra parte, poiché questo nostro Padre invadente si è più o meno autodefinito infallibile, è ovvio che l'ultima parola ce l'ha sempre lui: come si fa a combattere contro chi, per propria natura, non può sbagliare?

Se poi non ci ravvediamo in tempo dal peccato e non ci adeguiamo alle sue giuste esigenze, se non ci inchiniamo a chi pensa soprattutto al nostro bene, va a finire che, inevitabilmente, perdiamo l'eredità.

Nessuno è contento di perdere un'eredità, ci si fa in quattro per soddisfare chi ce la vuole lasciare, figurarsi poi con un patrimonio incommensurabile che dovrebbe farci felici addirittura per l'eternità.

Alla faccia del libero arbitrio e di quel disgraziato di raziocinio che tenderebbe ad andare sempre per conto suo.

Ci si adegua e basta.

CAPITOLO II

Dopo di Lui tutti i Padri, a dir la verità, hanno avuto un percorso un po' preferenziale.

Era dai loro lombi possenti che fluiva la vita, anche nel caso in cui i detti lombi fossero magari miseri e gracilini.

Una bella immagine, però, quella dei lombi.

Io personalmente sono molto contenta di essere stata creata dai lombi muscolosi del mio papà, non mi piacerebbe proprio essere il risultato di una provetta contenente dei girini mezzo addormentati e magari ancora un po' congelati e di un uovo freddo e solitario.

Vuoi mettere un bell'amplesso che finisca in una gara intima e segreta, emozionante, con il rush finale dei corridori e il solito campione che lascia indietro tutti gli altri e taglia per primo il traguardo? E' un modo affascinante per iniziare una nuova avventura e credo che qualsiasi bravo sceneggiatore non avrebbe alcun dubbio nello scegliere la trama migliore.

Magari la maglia iridata qualche difetto ce l'ha, a parte l'aver saputo battere gli altri nella volata finale, magari non è proprio perfetto, proprio come quel sole che con tanta fatica è riuscito a raggiungere.

I soli artificiali invece li costruiscono proprio bene, eliminano i raggi un po' storti, la curva e il calore sono esatti al millesimo.

Ma vuoi mettere la suspense.

Speriamo che l'uomo non si fissi con l'idea di creare la vita, giocando con la meravigliosa catenella che, almeno così sembra, lega le creature del mondo intero: si lascerebbe sicuramente abbagliare dal mito della perfezione e ci ritroveremmo con tanti stampini, bellissimi e noiosi. Con il complesso del Padre che si ritrova, combinerebbe poi chissà quali altri guai.

La creazione, nonostante quell'iniziale difetto di fabbricazione, è andata così bene la prima volta.

L'autore non ha avuto fretta, ha pesato i pro e i contro, ci ha riflettuto per benino, lasciando che sotto di lui si facesse fuoco e fiamme, si è specializzato un po' alla volta, cominciando con le cose semplici, come fa ogni bravo artigiano.

Le creazioni più complesse se le è riservate alla fine,

dopo un lungo tirocinio.

Non tentiamo la sorte con i soliti, umani maneggiamenti, ansiosi e scoordinati. Come sistematicamente avviene da millenni, poi ce la faremo sotto dalla paura e ci metteremo a chiamare papà.

Insomma questa storia del Padre, sia in cielo che in terra, mi ha sempre affascinato, forse perché, da millenni, abbiamo a che fare con questi maschi, biblici e non, sempre protagonisti, pronti a caricare arrogantemente sulle proprie spalle colpe e meriti dell'intera umanità.

E quelle strane compagne dietro, a far da registe occulte, da demonesse tentatrici o da angeli consolatori, da personaggi oscuri e biechi o chiari e salvifici, secondo la trama decisa per la vicenda.

Adamo, nel suo straordinario ruolo di prima creatura di Dio, a dir la verità, non è che di sé dia proprio un'immagine di potenza.

Prima se ne sta in panciolle in quel noiosissimo paradiso terrestre dove, per nutrirsi, basta alzare una mano; poi, appena succede qualcosa di veramente interessante e decide, nonostante tutto, di passare dalla innocente e famosa beata ignoranza ad una consapevole ed ovviamente sofferta conoscenza, ecco che subito, alla prima indagine un po' approfondita, si terrorizza e scarica la colpa sulla sua compagna che, a dir la verità, sembra affrontare la cosa con maggior dignità.

Non contento, Adamo peggiora la sua già critica situazione rinfacciando al suo creatore che, in fin dei conti, quella distruttrice d'innocenza è stato proprio lui a mettergliela vicino.

Per finire in bellezza, trema vergognoso davanti al Padre e, invece di affrontare con coraggio le conseguenze delle proprie scelte, scappa dal paradiso terrestre con la coda fra le gambe, rosso di vergogna, fra tuoni e fulmini, senza aver nemmeno la soddisfazione di aver sbagliato di sua iniziativa.

Il suo divin Padre, con maschile solidarietà, tenta in qualche modo di aiutarlo, lasciandogli affibbiare la colpa a quella svergognata di Eva. Ho l'impressione, però, che anche quel Padre eterno alla fine sia riuscito solo a dimostrare che la creatura femminile è piuttosto pericolosa.

Gli è sfuggita un po' di mano.

E pensare che l'aveva creata quasi esclusivamente per far felice e più completo il suo giocattolo preferito.

Lasciata a sé, con quella curiosità malsana che si ritrova, qualche iniziativa spericolata spesso la prenderebbe.

Meglio chiuderla nei recinti, sommergerla di abiti e di ornamenti, continuare a raccontarle quanto sia importante la sua bellezza, subissarla di fiori e di poesie. Che non le resti il tempo di usare quella materia che, si sa per certo dagli studi anatomici, possiede anche lei sotto la calotta cranica.

Meglio tenerla un po' narcotizzata.

Ma quello che, pensandoci bene, non si riesce proprio a mandar giù è la faccenda del serpente.

Che razza di figura ci fa la donna in quel frangente? A sentire gli sceneggiatori, Eva vede una cosa lunga, tondeggiante, rigida e strisciante e perde subito la testa. Perché non è stata per esempio una scimmietta, carina e curiosa, ad offrirle la famosa mela? Se si fosse trattato solo di testare l'obbedienza, il problema era risolto.

Il messaggio biblico indirizzato al maschio è chiarissimo: lascia che la donna sfugga un attimo e si avvicini liberamente alla potenza sessuale che domina la vita e sei fregato.

Non mi pare bello nei confronti di noi, povere

creature femminili: saremo anche un po' di seconda mano, ma in qualche modo siamo anche noi parenti di Dio. Mi viene quasi da pensare che il maschio, Dio o uomo che fosse, sentisse il bisogno di esorcizzare il deflagrante risultato dell'equazione donna + sesso = vita, trasformandola con un colpo di mano deciso in donna + sesso = peccato.

Mi sa proprio di rivalsa nei confronti di una creatura che, miracolosamente e misteriosamente capace di creare la vita, aveva intimidito e reso succube un maschio che, sempre più intelligente e violento a forza di successi di caccia in foreste impenetrabili, si stava appropriando del ruolo di dominatore della terra.

Si arriva al punto di rivoluzionare addirittura il meccanismo della procreazione: siccome non si può ancora cambiare il fatto che è dalla femmina che nascono le creature, si fa in modo che la prima donna nasca dall'uomo.

Il creatore e la sua prima creatura, in un momento di scatenata fantasia fabbricano insieme, artigianalmente ma efficacemente, un prototipo morbido e curvilineo, carino, ma che, guarda caso, risulterà sempre un po' difettoso.

Così il primato della vita ce l'ha comunque lui, il maschio.

Eva, poi, sempre secondo gli sceneggiatori di parte, impiega poco tempo a mostrare la sua assoluta inadeguatezza ad essere la figliastra di Dio.

Si lascia prendere dalla solita, pericolosa curiosità e per sua colpa, sua grandissima colpa, succede il fattaccio.

Dio, come il solito, essendo Dio, non ha dubbi: mette subito le cose in chiaro, ponendo odio fra Eva ed il serpente e ordinando alla donna di schiacciare subito la testa a quel sesso tentatore.

Prosegue senza tante cerimonie, pronosticando indicibili sofferenze e guai infiniti a quella parte di lei capace di soggiogare l'uomo e regalargli nuove vite.

E' stato di parola.

Chiude poi, tanto per gradire, con la notizia che da quel momento in poi chi avrà il bastone del comando assoluto sarà il suo compagno, libero di uscire nel mondo, fra selve buie di fronde e deserti assolati e luccicanti, senza impedimenti di pance gonfie e seni doloranti di latte.

Così un'altra volta quella sfacciata impara.

Se la prende anche con Adamo, colpevole di aver avuto l'idea folle di dar ascolto alla sua compagna, seminatrice di peccato.

Con ira terribile e funesta gli programma una serie

spaventosa di difficoltà, per finire con l'avviso che la sua eredità divina è finita in polvere.

Per evitare poi che, oltre al segreto della conoscenza, l'uomo (anche se ormai cacciato e definitivamente umiliato) gli rubi anche quello della vita, Dio arriva a mettere i catenacci e le guardie armate davanti al suo giardino eterno.

Forse l'artefice del tutto si sentiva frastornato da quella strana creatura che, al contrario dei disciplinati angeli, gli era venuta fuori troppo imprevedibile.

Dopo migliaia di anni siamo ancora qui, pieni di complessi ed incertezze, a tremare davanti alla spaventosa incazzatura del nostro creatore.

Poi, ad un certo punto della storia, è arrivato uno strano Figlio che, autoproclamandosi nostro divino fratello, con il Suo incredibile amore, a quanto si sa addirittura infinito, sembra aver sistemato un po' le cose. Almeno provvisoriamente.

Per chi è così folle da credere in Lui.

CAPITOLO III

A me Caino ha sempre fatto pena.

Dio decide che il suo destino è quello di lavorare la terra: lui disbosca, zappa, ara, semina, soffre, attende e faticosamente raccoglie.

Poi, da bravo servo, offre il frutto di tutto quel massacrante lavoro a quel Padre esigente che, duro ed inesorabile, già aveva punito Adamo.

Cosa c'è che non va nella sua offerta? Quel che conta è il pensiero.

Dio però non gradisce e mostra chiaramente di preferire le offerte di suo fratello, che, sinceramente, mi pare parta favorito fin dall'inizio.

La gara mi sembra truccata.

Forse Abele era più bello, o più simpatico, e decidono di fargli fare il pastore.

Diciamo la verità: pascolare le pecore su prati verdi

e dolci colline è un mestiere molto più poetico.

Puoi startene lì a zufolare e a meditare sulla grandezza di Dio mentre gli agnelli e le pecore belano sereni, lodando anch'essi, a modo loro, il creatore.

Non c'è assolutamente paragone con quel povero cristo di Caino, costretto a sudare e a sacramentare su ogni zolla di terra, ad aspettare pieno d'ansia il sole e la pioggia, a trasformare, soffrendo, fango in frutto. Fossi stata io il Signore, avrei apprezzato di più l'offerta di Caino, intrisa di sudore e fatica.

E invece no. Dio si dimostra poco animalista e preferisce che sgozzino un agnello in sua lode.

Se poi, però, si scopre che Caino aveva offerto, malignamente, delle mele piccole e marce e del radicchio mezzo mangiato dai vermi, la cosa cambia aspetto. Forse il ragazzo era, in effetti, un po' vendicativo, magari aveva preso dal nonno qualche caratteristica non proprio dolce.

Non abbiamo notizie precise in tal senso.

Ovvio che il significato della vicenda è molto più profondo dei nudi fatti: Dio vuole il meglio in assoluto, nulla di meno.

Ma ognuno dà quello che ha.

Me lo vedo davanti, quel povero disgraziato di Caino, incazzato nero perché il suo regalo non è stato apprezzato.

Se la sarebbe presa chiunque.

Forse qualche rimorso ce l'ha davvero, probabilmente non ha scelto proprio il meglio del suo raccolto e si vergogna della sua offerta un po' tignosa.

Anche il Signore, però, sbaglia a provocarlo così, dopo aver sdegnosamente rifiutato l'offerta.

Non si dimostra un buon psicologo.

E' come mettere sale su di una ferita.

Ci credo che quando Caino, nero e ancora imbufalito, incontra quel perfettino biondo di Abele, lodato da Dio e sempre amato da tutti, lo fa fuori.

La cosa, sicuramente condannabile, da un punto di vista psicologico è del tutto comprensibile.

Mi rendo conto, d'altra parte, che bisognava pur avere il primo assassino della storia, qualcuno che impersonasse al meglio la violenza insita nella natura ormai imbestialita dell'uomo, non più figlio del Creatore.

Caino, però, continua a farmi pena: brutto, cattivo e stramaledetto da Dio.

Impersona bene tutti gli sfigati della terra, segnati a dito, erranti senza pace nel rimorso di non aver sufficientemente amato il Padre e il fratello, privati perfino della speranza di veder finire l'infelicità dei loro giorni per mano di una umana vendetta.

Pare che Dio, per quanto riguarda i premi o i castighi, voglia l'esclusiva.

Comunque Caino se ne va per i cavoli suoi, allontanato da Dio il quale, manco a farlo apposta, gli fa procreare dei discendenti violenti e votati a mestieri poco raccomandabili.

Tutto secondo programma.

Dopo aver dedicato tanta attenzione ai cattivi che, è arcinoto, sono molto più interessanti dei buoni, dopo la scomparsa del bravo, mite e noioso Abele, il cronista si trova a corto di personaggi dolci ed accattivanti.

Allora il vecchio Adamo fa uno sforzo e procrea Set, che comincia decisamente bene la sua avventura terrena, essendo considerato, chissà perché, fin dalla nascita, dono speciale di Dio. Forse Set era uno di quei tipi che ci sanno fare e si era ingraziato subito tutti, Dio compreso.

Da quel momento nel mondo degli uomini è tutto un procreare forsennato, essendo il compito veramente immane: niente di meno che popolare la terra.

Ce ne vuole di seme!

Così i poveri patriarchi devono spremere i loro sacri lombi per centinaia e centinaia d'anni, ma alla fine qualche risultato cominciano a vederlo: finalmente, dopo generazioni e generazioni, arriva anche Noè con i suoi tre celebri figli: Sem, Cam e Jafet.

A questo punto della Bibbia per noi donne c'è da incavolarsi sul serio. Anche la più serena fra noi diventa per forza una femminista di quelle dure.

Nero su bianco viene riportata la notizia che i disgraziati, viziosi e un po' bestiali discendenti di Caino avevano generato delle figlie che, essendo piacevoli come il peccato, attirano i cosiddetti "figli di Dio", che naturalmente erano rimasti, fino a quel momento, puri, buoni ed onesti.

Ecco che, di nuovo, la femmina contaminatrice porta disgrazia.

Sembra proprio che il Signore non ci sopporti: arriviamo noi e se ne va lui, con tutte le sue benedizioni. C'è da farsi venire un complesso di colpa gigantesco.

La questione è semplice: i maschi sono figli di Dio e le femmine sono figlie dell'uomo, di quello cattivo, per la precisione.

E poiché quest'ultimo non riesce a fare a meno di congiungersi con le figlie del peccato, Dio si infuria un'altra volta e decide di distruggere il suo

Lego personale.

Montagne, valli, fiumi, esseri viventi: tutto era stato contaminato dal peccato che avevano compiuto gli uomini giusti nell'unirsi a quelle donne, colpevoli di essere figlie dell'uomo sbagliato.

Tutto doveva venire cancellato, perché il risultato finale della creazione faceva proprio schifo per colpa dell'uomo e delle sue figlie.

E i figli di Dio?

Naturalmente non potevano sparire tutti: cosa ne sarebbe stato dell'affascinante storia dell'uomo e del suo creatore? Un giusto bisognava trovarlo ad ogni costo e fu così che saltò fuori Noè.

Non si capisce bene di che particolari qualità superiori fosse dotato, l'unica cosa che ci è data di sapere è che era un frutto integro in mezzo a tanti marci. Solo lui fra gli umani meritava di sopravvivere, lui e la sua famiglia, ovviamente.

Un po' di nepotismo è sempre esistito.

Una coppia per ogni specie animale, tutti dentro l'arca e via con il programma pioggia.

E giù un'acqua che pare senza fine, grigia, pesante, come piombo. Una pioggia che diventa mare buio ed infinito, che copre il male senza speranza che i figli dell'uomo avevano costruito.

Dopo avergli tolto l'innocente, anche se tediosa, felicità del paradiso terrestre, Dio, nella sua ira tremenda, distrugge anche quel poco, sia pur peccaminoso, che l'uomo in qualche modo s'era costruito sulla terra.

Ci dobbiamo rassegnare: o viviamo a gloria del nostro creatore, di spirito e di puro amore, o non viviamo affatto.

CAPITOLO IV

E si va avanti a suon di benedizioni o maledizioni, a seconda delle evidenti preferenze di un Signore che non risulta sempre simpatico.

Il povero Cam, solo per aver osato vedere l'umana, ubriaca nudità del suo prezioso Padre, ed averne accennato, magari scherzosamente, ai suoi fratelli, incappa in un'altra tremenda incavolatura: quella di Noè. Questi, non si sa bene perché, se la prende in modo particolare con il povero quartogenito Canaan che si ritrova dall'oggi al domani maledetto e schiavo infimo dei suoi fratelli.

Viene un atroce sospetto: che Dio avesse già nei suoi piani di fregargli la sua eredità per darla al suo amato popolo. In questo caso una preventiva maledizione può tornar buona.

La progenie del povero Canaan, guarda caso, andrà

anche a fondare Sodoma e Gomorra, luoghi, lo sanno tutti, di vizi spaventosi.

Sem e Jafet, invece, recitano il copione giusto e si ritrovano benedetti.

La faccenda di Babele è, a prima vista, decisamente incomprensibile.

Sembra quasi che Dio sia geloso dello spirito di iniziativa degli uomini che, come al solito, hanno progetti grandiosi e vogliono costruire una città con una torre che arrivi fino al cielo.

"Questi,- dice Dio - se li lascio lavorare tutti insieme, nello stesso luogo e con la stessa lingua, chissà dove arrivano con la loro ambizione e la cooperazione!"

Meglio confonderli per bene, fare in modo che non si capiscano più. E li disperde, così, ai quattro angoli della terra.

Credevo che puntare sempre in alto e lavorare tutti insieme fossero caratteristiche positive.

Evidentemente Dio vuole che il progresso dei suoi figli sia spirituale: le ambizioni materiali li portano lontano da lui.

Dalla benedetta per copione stirpe di Sem, dopo una

serie di patriarchi straordinariamente longevi ed ancor più straordinariamente virili, salta fuori Abramo, grande Padre dell'umanità.

Mi rendo conto di essere gravemente irrispettosa, ma a parte la famosa e sfruttatissima storia della sua cieca obbedienza a Dio, non mi pare che il patriarca dimostri qualità spirituali così eccezionali.

E' però sicuramente un Uomo e della categoria incarna, come e più di Adamo, divina grandezza e terrena meschinità.

Abramo scalpita, gli rode dentro l'ansia del viaggiare, dello scoprire e del conquistare. E' terribilmente ambizioso e, come tutti gli uomini, vuole essere immortale, passare alla storia come Padre delle nazioni.

E ci riesce.

Con la motivazione irrinunciabile e insindacabile che glielo ha ordinato il suo Signore, abbandona la sua terra e s'installa, senza troppe remore, in quella dei viziosi, opportunamente maledetti, Cananei.

Il resoconto lapidario delle sue conquiste militari è indubbiamente affascinante: Abramo pianta tende, costruisce altari di ringraziamento a Dio, combatte e si muove verso l'obiettivo successivo con un'efficienza degna del più grande Alessandro e del più folgorante Napoleone.

La sua avventura di movimento e conquista descrive meglio di mille parole l'insopprimibile carattere predatorio dell'uomo, destinato a rivelarsi di continuo, come tratto genetico dominante, nel più misero degli uomini come nei grandi condottieri che hanno ciclicamente rivoluzionato la storia delle genti.

Per sfuggire alla carestia Abramo decide di trasferirsi in Egitto, dove mette in luce straordinarie capacità diplomatiche.

Sara, sua moglie, è a detta di tutti una gran bellezza, perciò lui teme che gli egiziani, notoriamente gran intenditori in materia di donne, lo facciano fuori per fregargliela.

Ma il patriarca, furbo come al solito, riesce a sfruttare la grande avvenenza della moglie, salvaguardando al tempo stesso la propria incolumità e accumulando ingenti ricchezze.

"Senti -le dice- se scoprono che sei mia moglie mi ammazzano pur di poterti portare nel loro letto. Di' che sei mia sorella, così tutti mi ossequieranno e mi porteranno doni con la speranza di averti come sposa"

La cosa funziona. Ad Abramo arrivano regali da tutte le parti, soprattutto dopo che Sara se l'è presa il faraone in persona.

A Dio però la situazione non piace per niente.

Evidentemente quella confusione di ruoli e di letti lo mette in ansia ed è per questo che decide di mandare disgrazie di tutti i tipi al povero faraone che, a dir la verità, è sommamente ignaro di tutto l'imbroglio.

Il Machiavelli della situazione è lui, Abramo, che anche in questo frangente si rivela gran tessitore di trame sapienti.

Ad un certo punto perfino quell'ingenuotto di un egiziano deve aver capito qualcosa perché chiama l'ebreo, gli fa un bel cazziatone e gli riconsegna la fascinosa iettatrice, invitandolo ad andarsene con sua moglie e tutta la ricchezza accumulata.

La furba politica di Abramo é uno dei primissimi esempi riportati dalla cronaca di grande lungimiranza e sapienza negli affari.

Non è che il patriarca esca proprio santo da tutte queste vicende. Ne esce però da grande protagonista.

Egli rimane, senza alcun dubbio, il figlio prediletto del Signore che gli assegna, almeno teoricamente, tutta la terra che i suoi occhi riescono a vedere, a destra e a manca, in su e in giù, divinamente incurante del fatto che, sul posto, ci vivesse già dell'altra gente.

Dio non ha dubbi sul fatto che i suoi figli preferiti, così intelligenti, non avranno problemi a sconfiggere in battaglia quei popoli e conquistarne la terra.

E' una bella ricompensa per aver semplicemente innalzato, in vari posti strategici, degli altari in onore dell'unico Dio.

Sicuramente Abramo aveva delle virtù nascoste, non riportate dalla cronaca, ma ben chiare agli occhi del suo Signore.

Lo capisco, però, quest'ultimo: tutti i padri hanno un debole per i figli vincenti, quelli pieni di personalità, di cui essere orgogliosi e di cui raccontare i successi mirabolanti.

E Abramo è sicuramente un vincente.

Le cronache di guerra sono chiarissime: mentre i vari reucci combattono debolmente, scappano, cadono nei pozzi di bitume e si chiudono tremanti nelle città murate, Abramo, quando gli portano via il nipote, si erge come una furia vendicatrice e con blitz fulminei e strategici, sbaraglia il nemico riprendendosi parenti e ricchezze.

Tutti lo osannano e gli offrono ricchezze e gloria a titolo di ricompensa per le sue vittorie.

Ed è qui che Abramo si rivela un vero genio:

sdegnosamente rifiuta la ricompensa dalle mani di un semplice re qualsiasi: che siano i suoi uomini a ricevere tali premi.

Lui, il suo premio, lo accetta solo dalle mani di Dio il quale, puntualmente, si fa sentire per garantirgli solennemente una discendenza numerosa come le stelle nel cielo e tutta la terra nera e fertile che tale progenie potrà abitare.

Abramo, nonostante sia ancora senza speranza concreta di figli e senza una terra da poter chiamare patria, crede ciecamente a quelle impossibili promesse divine che collimano così perfettamente con la sua enorme ambizione.

Lui è l'Uomo, quel figlio di Dio a cui tutto sulla terra è possibile. Arriverà persino ad un terribile gioco d'azzardo con l'alleato re dell'universo, ad una feroce roulette russa che ha per scommessa finale l'unica sua vera immortalità: la vita del figlio tanto a lungo desiderato.

Dio è furbo, sa perfettamente quali corde toccare per far vibrare l'animo umano.

Pone questa sfida al suo suddito amico: lo so che sei un tipo leale, me l'hai dimostrato ormai molte volte, ma io sono particolarmente esigente.

Voglio essere sicuro che io, per te, sono proprio la

cosa più importante, che la nostra alleanza conta più di tutto, più della famiglia, della patria, di tua moglie, più del figlio che tanto magnanimamente ti ho donato.

Tu sai che se continui ad accontentarmi avrai il mio appoggio in tutte le tue imprese; facciamo passare la tua ambizione per obbedienza a Dio, così ci fai anche una bella figura.

Dai, sacrificamelo, i padri hanno ancora potere di vita e di morte sui loro figli, il contrario accadrà solo fra qualche millennio, non preoccuparti, non solo la passi liscia, ma ne esci anche alla grande.

Si tratta solo di mettere l'amore al secondo posto, niente di più.

Abramo arriva fino all'orlo del precipizio, si sporge, sta per cadere, ma la sua grandezza umana lo salva ancora una volta.

Evita il micidiale trabocchetto che il Signore gli ha teso per accertare le sue priorità e sceglie la vita, guadagnandosi la stima eterna di un Dio sottile e raffinato. Il cronista naturalmente mescola un po' le carte per rendere la sua storia più ricca di suspense. Deve rendere il suo committente protagonista della vicenda, ma il risultato è lì, evidente: nel gioco d'azzardo sulla vita di Isacco Abramo bleffa e vince.

Viene definitivamente suggellato, così, il primo capitolo di una strabiliante alleanza destinata a far enorme scalpore nel mondo degli uomini.

Si tratta di una primogenitura che avrebbe sollevato, attraverso i millenni, sanguinosi polveroni di superbie e di rancori, di arroganti presunzioni e di invidiose, inumane vendette.

Una primogenitura caparbiamente sostenuta, sofferta e mai tradita, trascinata nei secoli con orgogliosa disperazione, nutrita costantemente del proprio sangue e dell'odio del mondo.

Assurdamente eroica ed esaltante.

CAPITOLO V

Ad un certo punto Dio deve aver avuto degli scrupoli di coscienza.

Rileggendo gli appunti della sua cronistoria, si rende conto di aver trattato troppo male la donna, il suo prototipo numero due. Convoca allora il cronista di fiducia e lo incarica di rivalutare in modo efficace quella creatura un po' fastidiosa e problematica.

Va' a sapere che magari, nel futuro, non torni buona anche lei.

Il cronista è uno che sa fare molto bene il suo mestiere; in quattro e quattr'otto introduce nella storia del mondo tre figure femminili che si impongono con la forza della loro personalità e sono destinate a rimanere immortali nella nostra memoria: Sara, Agar e Rebecca.

La prima l'avevamo già incontrata come moglie-sorella

di Abramo e, a dir la verità, non aveva brillato di luce propria. Era sembrata una specie di consenziente burattina nelle mani del marito.

Ora però si prende la rivincita ed assume il ruolo di grande protagonista.

Visto che, nonostante ci provi con tutte le sue forze, non riesce a dare eredi al suo Signore, invece di frignare e lamentarsi di quella che era la peggior maledizione per una donna del suo tempo e del suo rango, aguzza l'ingegno e pensa ad una soluzione comoda e ai suoi occhi moralmente accettabile.

Noi riteniamo di aver raggiunto chissà quale progresso scientifico, perché abbiamo ideato l'utero in affitto e pratiche simili di maternità o paternità su commissione. Niente di nuovo sotto il sole.

Pur con sistemi un po' diversi, il problema l'aveva risolto qualche millennio fa quella donna volitiva, pratica e intelligente.

Sara riflette: io possiedo delle schiave che sono mie a tutti gli effetti; possiedo il loro corpo e anche la loro intelligenza e la capacità di procreare. Posso scegliere fra le mie donne il fiore più profumato da offrire al mio Signore, quale segno indiscutibile del mio amore.

Prende Agar, un'egiziana che evidentemente dà le migliori garanzie per quanto riguarda la capacità riproduttiva, ne valuta il fascino e la istruisce bene sui gusti e sulle esigenze erotiche di suo marito.

Ne viene fuori un capolavoro che Sara impacchetta e decora in maniera superba, donandolo poi al consorte che ben volentieri accetta il dono meraviglioso e magnanimo della moglie.

Non sottovalutiamo il coraggio della donna che sa di correre un rischio tremendo: Agar è sicuramente molto più giovane di lei che, per quanto bella, è già avanti con gli anni.

Dando all'egiziana l'occasione di diventare l'orgogliosa madre dei figli del capo, rischia di porre la propria testa sotto la spada di Damocle di una pericolosa rivale, potente della propria fertilità, dote indispensabile al promesso destino aureo di Abramo: diventare un Padre di nazioni.

Oltre che di bellezza, Sara è evidentemente dotata di una personalità non comune.

La donna valuta in pieno la situazione e sa di poter affrontare il rischio, conoscendo la forza della sua influenza sul marito.

Punta su se stessa e gioca una partita altissima.

Sara ha capito che Abramo deve a tutti i costi avere un erede, ma sa che, allo stesso tempo, lei deve rimanere l'autorità indiscussa del mondo femminile che ruota attorno al grande patriarca. Sa anche, con intima certezza, di avere Dio quale invincibile alleato.

Se Abramo passa alla storia come un grande protagonista, sua moglie non gli è da meno.
La rivale cade nel tranello.
Eppure non è una stupida, Agar.
Capisce subito di aver l'occasione della vita, quella che non si può bruciare.
Entra volentieri nel letto di Abramo, consapevole di aver tutte le carte in regola per occupare un posto importante nel suo cuore e nella sua tenda.
Svolge bene e in fretta il compito per cui è stata scelta: il suo ventre mostra tutta la sua giovane, prorompente fertilità, cominciando subito a nutrire il frutto del seme di Abramo.
La sua vittoria è totale ma, come spesso accade ai vincitori di una battaglia, perde il buon senso e la guerra, diventando stupidamente arrogante proprio con Sara, l'artefice della sua fortuna, mostrando di essere, in fondo, soltanto una femmina impulsiva ed ingenua.
Agar non si rende conto di essersi inimicata una donna troppo intelligente e potente per le sue misere forze.
E' sufficiente un deciso intervento di Sara presso

Abramo e la sorte di quella che era rimasta comunque una schiava è segnata.

Il patriarca sa bene che la pace del suo insediamento è in mano alle donne e che, fra tutte loro, una sola è in grado di regnare: sua moglie, che lo ha tratto d'impiccio in tante circostanze, salvandogli faccia e patrimonio.

Neppure la pelle d'ambra, la tenera carne e il ventre fertile di una giovane donna possono mettere a repentaglio la pace e la sicurezza che, sotto il polso ferreo di Sara, regnano sovrane nell'accampamento.

Abramo fa vigliaccamente quello che, con ogni probabilità, ogni uomo farebbe in simili circostanze: delega la moglie a risolvere il caso, disinteressandosi della giovane madre che aveva puntato tutto sulla sua gioventù e sull'apparente affetto di un vecchio capo.

Non sapeva, la povera schiava, che la sua sorte e quella della creatura nel suo grembo era già stata decisa dall'alto, negli accordi fra Dio e la prima donna che, a quanto pare, gode della sua stima totale.

Agar però non può nemmeno essere gettata via così, su due piedi, visto che porta in sé il prezioso seme del Padre delle nazioni. Nella vita di quest'uomo intelligente ed ambizioso e in quella di coloro che lo circondano interviene, come il solito, Dio in persona, che sulla bella egiziana ha già partorito progetti, forse ancora vaghi, ma decisamente importanti.

"Il popolo che nascerà da Ismaele, figlio di Abramo e di Agar- dice il sommo creatore- svolgerà un ruolo preciso nella storia del mondo e sarà una di quelle nazioni che riconoscendo il patriarca come loro Padre lo santificheranno per l'eternità."
Il futuro del popolo d'Ismaele non pare, tuttavia, proprio roseo.

Fin dall'inizio, le parole di Dio, o quelle che il cronista riporta, stabiliscono per quelle genti un destino di lotte aspre e continue contro gli stessi fratelli, un alternarsi di violenze infinite.

Ma resta comunque un futuro di grandezza e Agar, nel suo ruolo di grande madre, non può permettere che il suo orgoglio femminile impedisca il compiersi di tale destino.

Reprimendo l'odio per la padrona inflessibile, per la rivale che l'ha vinta ed umiliata, torna con la cenere sul capo a fare la schiava di Sara e partorisce ad Abramo il primo, prezioso figlio.

Il suo fato non è però compiuto: Agar non è destinata all'anonimato di una vita da quasi serva nella tenda di Sara ed Abramo.

La ritroviamo in quello che è tutto un susseguirsi di colpi di scena.

Sara risulta veramente prediletta da Dio: nonostante la pelle ormai opaca e le rughe della vecchiaia, contro ogni evidenza e contro la sua blasfema incredulità.

Nonostante i dubbi dello stesso Abramo che, con tutta la sua fede non riesce ad immaginare un avvenimento così umanamente impossibile, dal ventre sterile, spento e stanco della moglie scoppia una scintilla di vita.

Dopo la nascita di Isacco, il figlio miracolosamente concepito dalla ormai attempata rivale, la sorte di Agar e di Ismaele è segnata.

La padrona, così chiaramente favorita da Dio, non ha dimenticato le passate, stolte provocazioni.

Non tollera, soprattutto, che un figlio di schiava oscuri la luce del suo primogenito. L'egiziana e quel ragazzino un po' scuro di pelle devono andarsene.

Un patetico Abramo tenta vanamente di opporsi ad una sentenza così crudele, ma Dio in persona gli comunica di lasciar fare a Sara, di stare tranquillo e che il figlio da tutti considerato bastardo avrà, comunque, una grande discendenza.

Allora il patriarca si arrende a due potenti volontà e caccia nel deserto il frutto scartato del suo seme.

Un pane e un otre d'acqua gli servono da inefficace balsamo per una coscienza tormentata: mai appare più misero esempio di umana vigliaccheria.

Il cronista di Dio però, a questo punto, non può non commuoversi di fronte alla sorte di quelle due povere creature abbandonate alla fame e alla sete.

Diventa quasi poeta e ne traccia un ritratto dolcissimo e colmo di fragile umanità: Agar non è più una donna che trama per il potere, una schiava ambiziosa.

Diventa semplicemente una madre, incapace di veder morire di sete la propria creatura, disperatamente dignitosa nel suo dolore.

Ismaele è solo un ragazzo che vuole vivere e che piange il suo tragico destino.

Lo piange così forte che Dio sente, vede il dolore di una madre e si ricorda del suo progetto per quel figlio così crudelmente rinnegato.

Improvvisamente Agar sente che Dio non l'ha abbandonata.

Il suo amore per la vita e per il figlio hanno scosso perfino l'alleato della sua nemica.

In un attimo, la schiava ripudiata ritrova forza, speranza e coraggio di vivere.

E' lei che porge l'acqua al figlio, che lo accompagna,

silenziosa e forte, attraverso il deserto e l'adolescenza, compagna, amica e madre.

E' lei che, alla fine, compie il suo ultimo dovere, trovando la donna che deve sostituirla nell'accompagnare e sostenere Ismaele divenuto uomo, la moglie adatta a quel figlio travagliato, destinato ad essere il capostipite della nazione sorellastra del popolo eletto.

Poi, donna e madre fino all'ultimo, silenziosamente scompare dalla storia.

Anche Sara sparisce, ma lo fa in un fragore di trombe, da regina consacrata di un popolo che si sente già il preferito di Dio.

Un popolo che sa di non possedere ancora nemmeno la terra sufficiente per seppellire la propria regina, la donna la cui progenie renderà grande il nome di Israele.

L'ormai vecchissimo Abramo è ben cosciente dell'importanza del culto dei propri morti.

Sa bene che il luogo in cui seppelliamo il nostro sangue diventa sacra proprietà.

La povertà si trasforma in orgoglio: la terra per il sepolcro della regina, madre di un popolo senza dimora, diventerà, a costo di qualsiasi sacrificio, il primo simbolo di patria.

Il patriarca inizia trattative di raffinata diplomazia perché il suo popolo, ancora e già errante, non si accontenta di un sepolcro qualsiasi per la sua prima regina.

Tratta, discute, argomenta da gran oratore in mezzo ai capi del popolo che, in quel momento, lo ospita; espone con foga appassionata le sue ragioni, che sono quelle del rispetto e del sentimento.

E alla fine paga con moneta sonante la terra che acquista.

Non vuole che rimangano dubbi sull'effettiva proprietà di quel campo e di quella preziosa caverna.

Sara avrà la sua dimora finale in un sepolcro degno della sua grandezza, simbolo della volontà di Abramo e del suo popolo di avere finalmente una propria terra santa.

CAPITOLO VI

Rachele arriva sulla scena preceduta da una regia che miscela sapientemente la dolcezza con la forza del destino, unendo segni magici, visceralmente sacri, ad immagini di struggente, inattesa bellezza.

L'ormai vecchio patriarca conosce bene, per esperienza personale, l'importanza della donna giusta in una famiglia e in una tribù; non vuole saperne di una nuora del popolo cananeo, seppur in mezzo a quella gente viva pacificamente da molti anni.

La vuole del suo sangue.

Un servo fedele, ambasciatore di un ansioso Abramo e suo rappresentante ufficiale, viene incaricato di trovare la moglie per Isacco nella famiglia di origine del patriarca, lontano, nel paese dei due fiumi.

Ma non può partire così, semplicemente con le solite

raccomandazioni e i cammelli colmi di doni, che servono ad attestare una sicura agiatezza e il favore di Dio: il servo fedele deve giurare solennemente che eseguirà con amore ed estrema attenzione le precise e ben ponderate volontà del suo padrone, assillato dalla qualità delle mani femminili in cui si troverà la vita del suo prezioso figlio.

La sacralità del giuramento non nasce da alte, ieratiche invocazioni, da canti o da incensi bruciati in onore di una qualche divinità o da sacrifici più o meno sanguinolenti.

L'uomo è, nonostante tutto, ancora innocente.

Anche se il suo breve percorso è già segnato dal peccato, anche se è caduto ed ha sbagliato strada innumerevoli volte, non si è perso. E' ancora capace di riempirsi di meraviglia per il miracolo della vita, che continua a venerare più di ogni altra cosa.

Il servo fedele renderà sacro il giuramento ponendo le sue mani proprio su quella sorgente di energia da cui ha avuto origine l'intera discendenza, su quei serbatoi di vita che fanno di ogni uomo il Padre.

Niente di più: il contatto con la potenza della vita è sufficientemente sacro per qualsiasi giuramento.

Il servo fedele parte.

Giorni o mesi dopo, nell'ora più dolce, rossa di tramonto, giunge a destinazione nel paese d'Abramo, nell'amata terra fra i due fiumi.

Non c'è alcun segno di fretta o di ansia nei suoi movimenti: tutto sembra già scritto sulla calda terra fertile dei padri.

Accomoda i cammelli al giusto riposo ed attende sereno, sicuro che il Dio amico del suo padrone lo aiuterà nel fargli riconoscere, senza timore di sbagliare, la donna che il destino ha stabilito per il figlio del popolo eletto. Si pone in attesa fuori dai rumori della città, nel silenzio del pozzo, vicino all'acqua sorgente di vita, sicuro che anche questa volta quel Dio tanto amico di Abramo indicherà la strada.

La scenografia è perfetta.

L'aria è colma di dolce attesa, nelle scarne parole del cronista si respira il profumo della sera, si sentono i tenui rumori che precedono il riposo: tutto è pronto per l'arrivo di quel fiore, l'unico prescelto per garantire la continuità della stirpe di Abramo.

E Rebecca, seppur vecchia di di migliaia di anni, balza fuori eternamente giovane dalle parole del cronista, irrimediabilmente ammaliato da questa figura di donna che il suo editore gli ha inviato.

Rebecca gli scappa fuori dalla penna viva, deliziosamente fresca come l'acqua che in silenzio ha attinto dal pozzo nell'ora del tramonto.

Si percepisce che se ne è subito innamorato.

Il cronista di Dio ne ha fatta di strada nell'universo femminile da quando aveva iniziato con Eva.

Aveva creduto di svolgere un incarico di semplice riabilitazione delle figlie dell'uomo, sempre trascurate, spesso calunniate. Si scopre, invece, coinvolto nel fascino della donna.

Crede di ingannarci, mostrando Rebecca docile, sottomessa al volere degli uomini di casa, modesta e silenziosa. Mette tutti gli ingredienti per far sembrare questa donna quello che non è: una creatura anonima che ha l'unico compito di eseguire la volontà dei maschi che le stanno intorno.

Ma non imbroglia nessuno.

E' vero: Rebecca parla solo quando viene interrogata, ma le sue parole sono scolpite nella pietra.

Le rivolgono la parola e questa vergine, che non ha conosciuto uomo, solleva lo sguardo, apre la bocca e ti trafigge con la sua personalità.

Non parla a vanvera, Rebecca.

Ogni parola è una decisione, un passo nel destino che questa giovane donna pare dominare con la forza del suo carattere.

Non fugge spaventata quando un uomo sconosciuto, impolverato dal lungo viaggio, si pone sul suo cammino per chiederle dell'acqua.

Non si rifugia, ridacchiando fra le sue ancelle, a raccontare la propria avventura, straordinaria per una vergine protetta dal solito solido muro di maschi padroni del suo tempo e della sua vita.

A tu per tu con l'ignoto Rebecca si ferma e ascolta, osserva e valuta, decide ed agisce.

Dona la sua acqua agli uomini e agli animali, risponde serena e fiduciosa alle indiscrete domande di un forestiero, invitandolo poi nella casa di suo padre e accettando con apparente semplicità i doni che la impegnano solennemente verso uno sconosciuto in una terra lontana.

Decide di andare incontro al destino senza esitare un attimo, senza riflettere su ciò che può attenderla al di là del deserto e delle montagne, senza un rimpianto per il mondo familiare che sta per abbandonare.

La ragazza ha deciso per il sogno dell'avventura, per il fascino dell'ignoto.

Lo vuole subito, non ne può più di stare nella tenda

del padre e dei fratelli ad attendere le decisioni altrui.

Il cronista innamorato non può permettere che la sua Rebecca vada incontro al destino senza poesia.

Le confeziona un amore che profuma di oriente e di deserto, di timidezza e desiderio, di fresca virilità e giovane passione.

Rebecca galleggia, di tramonto in tramonto, in un mare di delicato erotismo.

Anche Isacco gode del progetto romantico del cronista e ne esce alla grande: qualsiasi donna vorrebbe incontrarlo, farsi languidamente accompagnare nella sua tenda e lasciarsi prendere da lui.

E' il prototipo di tutti gli sceicchi del deserto, dolce, silenzioso, forte e pieno di voglia di amare.

Il cronista scopre, quasi con sorpresa, che la vita di un uomo comincia nelle braccia di una donna e finisce nelle braccia di un'altra.

La riabilitazione è compiuta.

CAPITOLO VII

Non è vero che i genitori amano tutti i figli di amore uguale.

Alcuni ci piacciono di più e altri ci piacciono meno, si tratta solo di ammetterlo con un po' di sfrontata onestà.

Isacco e Rebecca devono aspettare a lungo il frutto del loro amore, iniziato così romanticamente sotto i migliori auspici e sotto lo sguardo benevolo del Signore. Ci vogliono un sacco di preghiere al padrone della vita che, dopo una lunga apparente distrazione, concede la grazia tanto desiderata.

Anzi, già che c'è, ci ricama sopra un nuovo progettino e di grazie ne concede due contemporaneamente: nel ventre maturo di Rebecca cominciano a scalpitare (e a darsi fastidio) ben due focosi giovanetti.

Esaù esce violentemente per primo, rosso di pelo e di voglia di fare, impaziente di vedere il mondo e di prendersene una fetta, incurante del silenzioso gemello che, in modo quasi furtivo, esce senza fatica, attaccato al calcagno del vulcanico fratello.

Rebecca ed Isacco non si fanno problemi e manifestano senza falsi pudori le loro chiare preferenze.

Il padre ama subito la maschia potenza del primogenito, forte di sangue e di vita, precocemente amante della caccia e del deserto, primordiale e semplice nelle azioni e nei desideri.

Gradisce molto quei gustosi bocconi che le frecce infallibili del figlio gli fanno trovare ogni giorno alla sua mensa.

Esaù non ha progetti grandiosi per il fatto di essere uscito per primo dal ventre della madre: a lui non interessa il domani, con tutte le complicazioni legate al diritto-dovere di essere protagonista della storia e all'obbligo di portar avanti una missione troppo grande per lui.

Egli ha troppa ingordigia di vivere le passioni umanamente terrene che la vita gli trasmette giorno per giorno, minuto per minuto: un'alba che trema ancora insicura davanti ai suoi occhi, lo sguardo vigile ed ansioso della preda, la sensazione inebriante di essere padrone della vita e della morte.

Un sorso di vino ed un piatto di minestra calda soddisfano Esaù più di una qualsiasi primogenitura.

Giacobbe, invece, preferisce stare in casa, godere della dolcezza di sua madre e di un fuoco sempre acceso; gli piace progettare il futuro.

Rebecca se lo tiene stretto e, giorno per giorno, lo istruisce su come modificare il suo misero destino di secondogenito. Le parole calme e sommesse della donna cadono su di un terreno fertile.

Giacobbe capisce molto presto che deve diventare principe della storia.

La natura, con tutte le sue meraviglie, non lo ha mai attirato, che sia quel rozzo terragno di suo fratello a sporcarsi di fango e di sangue.

Lui si sente destinato a ben altro, è sulla sua progenie che continuerà il sogno di gloria della stirpe di Abramo: quel piccolo mondo di sabbia e di pozzi preziosi sembra essere lì per chi lo vuole conquistare. Non c'è tempo da perdere ad osservare tramonti infuocati.

Giacobbe sa perfettamente che, per avere tutti i benefici della primogenitura, gli basterà aspettare al varco quella ingenua bestia irruente di Esaù.

Sua madre ha ragione quando gli suggerisce sommessamente: gioca freddamente sulle passioni dei poveri uomini ancorati alla terra ed otterrai gloria ed immortalità.

Il padre Isacco non rappresenta certo un problema.

Al momento opportuno sarà facile ingannarlo e fargli benedire il figlio giusto, il preferito di Rebecca, quello furbo e manipolatore che sta architettando per sé e per la sua prole un futuro glorioso ed appassionante.

Esaù è il solito pirla ingenuo che esce nel momento meno opportuno a procurare la cacciagione: vuol far piacere al padre ed ottenere così, finalmente, la legittima, preziosa benedizione.

Troppi personaggi potenti stanno tramando, però, contro di lui.

Al suo ritorno da una caccia come al solito fruttuosa scopre che il destino si è ormai compiuto: di sacre benedizioni Isacco una ne aveva e una con l'inganno gli è già stata estorta.

E' patetico il povero Esaù che si lamenta disperato di aver perso, oltre alla primogenitura, che pareva non interessargli molto, anche la benedizione del padre che invece desidera con tutto il cuore.

Supplica, piange e alla fine ottiene una benedizione di seconda mano, triste, senza succhi e senza rugiada.

Non gliene va bene una.

Sempre seguendo le sue passioni, il primo nato sceglie come mogli due ragazze del posto, senza farsi troppi problemi, ma Rebecca non sopporta le nuore, figlie di una tribù sbagliata.

Esaù, grande, grosso ed ingenuo, come al solito, si accorge in ritardo di aver toppato un'altra volta e tenta disperatamente di correre ai ripari, andando a prendersi un'altra moglie da Ismaele, fratellastro di suo padre Isacco, sperando di far finalmente la cosa giusta.

Alla fine non sopporta più quel fratello tutto casa e chiesa, intrigante e favorito e giura di diventare un secondo Caino, ma invece di meditare in solitudine la sua vendetta, sbraita e inveisce davanti al mondo intero.

Si sa, can che abbaia non morde, e Rebecca sbriga velocemente la questione, spedendo per un po' il suo coccolo lontano dalla tribù di Isacco, presso il fratello Làbano, nella sua terra d'origine fra i due fiumi.

Tanto ad Esaù, nel frattempo, la rabbia sbollirà sicuramente.

Giacobbe invece fa tutto come il Signore comanda,

secondo le regole, seguendo saggiamente i consigli della madre, che è sempre in confidenza con quel Dio potente e lunatico, capriccioso manipolatore di destini.

Così il gemello che, come Abele prima di lui, sembra amare più il cielo della terra, parte di nascosto per il lungo viaggio, si ferma a riposare sotto le stelle e, per chiarire meglio il suo destino di favorito di Dio, quella stessa notte, fa subito il sogno giusto.

Il Signore di Abramo e di Isacco gli appare, gli assicura il solito futuro straordinariamente prolifico e gli rinnova la promessa di una terra grande e fertile abbastanza per contenere tutto il suo seme prezioso.

Rinfrescata l'alleanza e fatta solenne promessa di future decime, il fortunato pellegrino riparte per raggiungere la sua meta lontana.

CAPITOLO VIII

Di pozzo in pozzo, di accampamento in accampamento, il nostro cronista continua nel racconto del viaggio, approfittando dell'avventura per proseguire con la storia di Giacobbe, figlio coccolato dalla madre e preferito da Dio.

E' scritto nel destino di quel giovane uomo di mescolaree la propria vita con umili o potenti creature femminili: la sua buona o cattiva sorte sarà spesso legata alle donne.

Gliene capitano addosso due, contemporaneamente: la bella Rachele, dolce pastorella, e l'insignificante Lia.

Per la prima il nostro si fa subito in quattro, prendendo in mano autorevolmente ogni situazione un po' critica, spostando pietre e abbeverando greggi, tutto per impressionare favorevolmente quella giovane cugina che gli inonda il cuore di gioia e di speranza.

Sarà lei, Rachele, a portarlo finalmente presso la tanto agognata famiglia della madre Rebecca, e sarà per i suoi occhi che, Giacobbe, lavorerà duramente sette lunghi anni nella casa dello zio.

L'altra, la sorella maggiore, rimane nell'ombra, silenziosa e smorta, per sette anni.

Giacobbe non si occupa di lei, non la vede neppure, preso com'è dall'immagine del suo primo amore.

Ma Lia conosce i suoi diritti di figlia maggiore, sa che deve solo attendere paziente. Il padre Làbano è giusto, conosce bene e rispetta gli usi della sua gente: provvederà prima di tutto a lei, la primogenita, e solo in un momento successivo si occuperà della bella figlia minore.

E' in lei, non in Rachele, che Giacobbe, nella notte buia e segreta della tanto sospirata unione, riverserà l'incontenibile passione.

L'inganno è perfettamente riuscito: Lia è ormai la sposa ufficiale cui spetta addirittura una settimana intera d'amore coniugale legittimo, sacro obbligo di ogni novello marito nella terra in cui Giacobbe ha scelto di vivere e lavorare.

Se proprio insiste a volere anche Rachele, il figlio

di Isacco deve impegnarsi a rimanere al servizio dello zio per altri sette anni.

Giacobbe ne lavorerebbe settanta, di anni, pur di avere fra le sue braccia la giovane cugina e accetta la proposta dello zio, trovandosi improvvisamente con ben quattro donne da gestire, due mogli e le rispettive schiave che, come si è già visto in questa storia, spesso rivestono una grande importanza nel sopperire alle eventuali mancanze delle loro padrone.

Queste ancelle giocano un ruolo importante nel fertile utilizzo del seme dei patriarchi, fondamentale per ottenere l'indispensabile incremento del popolo eletto.

Non esistono problemi di virilità per il figlio, padre d'Israele: procrea figli da mogli e da schiave, sempre ambitissimo da tutte le sue donne, il cui scopo unico, nella vita, pare semplicemente quello di avere il capo nel proprio letto.

Giacobbe mantiene così la tradizione e la fama dei protagonisti che lo hanno preceduto: genera figli a destra e a manca, inesauribile, marionetta nelle mani e fra le gambe di tutte quelle donne che, invocando a turno il favore dell'arbitro divino, giocano una spietata guerra per il grande onore di ricevere il suo seme e trasformarlo in progenie.

Il povero Giacobbe viene così a trovarsi al centro di continue manovre femminili, di battaglie quotidiane subdole e sottili, giocate a suon di fecondità e di favore divino, fra l'apparentemente sterile Rachele e la feconda Lia, trionfante nella sua fertilità maschia e numerosa.

Ma Dio riesce sempre a sorprenderci e, ancora una volta, rovescia le scontate previsioni degli uomini e posa il suo benevolo sguardo sull'infelice, incapace e costantemente vuota Rachele.

Il Creatore sembra avere un debole per le belle donne. Prima le fa soffrire, con gusto un po' sadico fa loro sospirare l'agognata fecondità e poi, capricciosamente, decide che saranno proprio i loro figli a dominare la storia.

L'ha già fatto con Sara e la sua tarda, incredibile maternità. Anche Giuseppe, figlio insperato di Rachele, proseguirà alla grande le avventure del popolo di Dio.

CAPITOLO IX

Nel frattempo Giacobbe, che, come abbiamo visto, è già un gran procreatore di figli, si rivela particolarmente esperto anche nel far accoppiare pecore e capre nel modo a lui più favorevole.

La genetica si rivela una sua specializzazione.

E' stanco di servire lo zio e vuole andarsene con mogli, figli, schiavi e un gregge il più ricco possibile: lo ritiene il giusto frutto per i suoi molteplici anni di duro lavoro.

Giacobbe non potrebbe trovare suocero più generoso ed accomodante il quale, con parole nobili, lo invita a dirgli qual è il salario a lui dovuto.

Ma un calcolo così semplice non può piacere al figlio di Rachele, sempre efficiente ed astuto.

Con un discorso un po' complicato di capi punteggiati e macchiati, di becchi striati e di pecore nere convince

Làbano a lasciare che sia la sorte a stabilire quale sarà la sua ricompensa. Sorte che, sempre naturalmente col favore di Dio suo alleato, gira un po' a suo favore.

Il furbo secondogenito riesce a moltiplicare i suoi armenti con trucchi e tecniche di riproduzione degni della ricerca più avanzata.

Alle perplessità dello zio due volte suocero che lo ospita e dei cugini, incapaci di far fronte a tanta astuzia e competenza, risponde fuggendo nel momento più propizio con donne e bestie, affetti e ricchezze, in una ritirata degna dei più grandi strateghi.

Anche Rachele, la mite pastorella, è diventata svelta ed astuta: sa che suo marito è un protetto del Dio d'Israele ma, con femminile prudenza, ritiene che in fatto di protezioni divine sia meglio "abundare quam deficiere" e, senza il minimo scrupolo, ruba gli idoli pagani dalla casa del padre, nascondendoseli sotto il sedere.

Sa che può contare sul fatto che gli uomini della sua tribù non fanno alzare una donna che, magari arrossendo, dice ad occhi bassi di avere ciò che, regolarmente, capita alle donne giovani e fertili.

I maschi restano sempre un po' imbambolati davanti al mistero di tutto quel sangue, inspiegabile simbolo di vita.

Per loro il sangue è segno di pericolo, di armi sguainate o lanciate per togliere forza all'avversario: è segno di violenza e di morte.

Diventano timidi ed insicuri davanti a quel sangue femminile che, con incredibile regolarità esce, rosso e denso, misteriosamente incontenibile, da quella fessura nascosta, umida e buia cui i loro lombi tanto anelano, minuscolo tempio di vita, talmente sacro che le loro compagne lo hanno difeso e protetto per millenni con le unghie e con i denti, talvolta con la vita.

Adesso non ha più senso difendere quello stretto sentiero: di sacro non ha più nulla ed è irrimediabilmente inflazionato.

C'è una quantità enorme di strade ed autostrade immesse sul mercato ed ovviamente, fra molteplici varietà di vie finte e alternative, di boulevard malamente autogestiti o gravemente appestati, i sentieri ardui sono ormai fuori moda e tristemente in svendita. La domanda è crollata.

I vecchi patriarchi, virili all'inverosimile, sarebbero sconvolti nel sapere quanti dei loro bis-bis nipoti paiono quasi indifferenti a quell'ormai superata stradina nel bosco.

Gli uomini comunque, se possono, quando le loro donne parlano di sangue svicolano ed evitano di entrare in particolari.

Rachele, come ogni donna, gioca su questa sua finta debolezza femminile e Làbano subisce, oltre al danno di aver perso gli dei di riserva, tanto importanti per la sua famiglia, anche la beffa di essere ingannato dalla figlia più amata.

CAPITOLO X

Certo che Giacobbe, povero cristo, non ha un attimo di pace!

Risolta brillantemente la disputa col suocero e coi cognati ecco che, nel viaggio di ritorno in patria, si trova a dover affrontare l'ira di Esaù, ancora giustamente incavolato nero per la vecchia faccenda delle lenticchie e della primogenitura.

Giacobbe sa perfettamente di essere astuto e di riuscire a trovare, ogni volta, la soluzione più corrispondente ai suoi interessi, ma qui si tratta di Esaù, quel fratello grezzo e violento che non va certo per il sottile.

Questi, giustamente imbufalito, vuole menare le mani di brutto.

Giacobbe ha orrore della violenza.

Lui è un tipo all'Ulisse, per intenderci, che alle armi

preferisce decisamente l'astuzia e il compromesso.

Prima di tutto richiama all'ordine il suo Dio personale, ricordandogli le ripetute promesse di vita prospera per lui e la sua numerosa progenie.

Pochi scherzi, che qui ne va della pelle.

Poi, ragionando sul fatto che un po' di olio ha da sempre fatto girare meglio le ruote degli uomini, spedisce incontro al fratello servi colmi di ogni ben di Dio, quali ambasciatori di pace da parte di un uomo tremante e pentito.

Il nostro cronista sa fare bene il suo mestiere e quando il lettore è ormai convinto di aver a che fare con un uomo astuto e subdolo, privo di particolari rigori o ansie di carattere morale, quando tutto sembra ormai detto e spiegato, ecco che ci presenta l'Uomo Nuovo.

E' la notte, col mistero ed il terrore ancestrale del buio, che gioca sempre scherzi incredibili a quest'uomo così bravo a calcolare e prevenire, imbrogliare ed ottenere.

Notturni messaggi divini, in ripetute occasioni, hanno pesantemente condizionato la vita di Giacobbe: sogni strabilianti riguardanti scale che giungono fino al cielo, becchi striati, punteggiati e pezzati che, in modo scientifico ed inequivocabile, gli confermano la benevolenza di Dio, sorprese tragicomiche di mogli scambiate e poi, di notte, costretto ad onorare.

Ed ecco che ancora di notte, inaspettatamente, scoppia una lotta tremenda che nulla ha a che vedere con la sua ambizione e la sua furbizia.

Una lotta che, questa volta, si scatena nel suo cuore, una battaglia dura e silenziosa fra la sua natura umana e quella divina.

Tutto gli accade fra il sorgere della luna e quello del sole.

Questa volta non si tratta di fare il furbo per accrescere la ricchezza sua o della famiglia, per riuscire ad ottenere quello che brama, sia esso una donna, un gregge o un futuro migliore per sé e per i suoi discendenti.

Nel buio della notte e nel silenzio dell'accampamento deserto, Giacobbe si trova a combattere strenuamente e a soffrire come mai gli era capitato prima. Il suo bestiale cuore umano gli suggerirebbe di fuggire dalla propria anima, di non affrontare a viso aperto la verità con tutti i suoi pericoli, di rinunciare alla responsabilità delle proprie azioni.

Si contorce talmente nella sofferenza che gli si spacca la schiena.

L'Uomo Nuovo finisce la lotta curvo e dolorante,

ma c'è una nuova fierezza nella sua sofferta vittoria: ha iniziato la notte da creatura misera e codarda, la termina da capo del popolo di Dio.

E' un condottiero in ginocchio ma pieno di grandezza umana quello che la mattina seguente affronta Esaù, orso burbero e spaventoso.

Quel fratello alla fine si rivela mite e generoso, commosso alla vista del gemello sempre protetto da Dio e dalle donne, di quell'uomo che, riuscendo sempre, non si sa come, ad avere la meglio su di lui, si presenta, finalmente umile e pentito, a chiedere perdono.

E' commovente l'immagine del trovato affetto fra due fratelli che il lettore aveva quasi scordato fossero gemelli. Non occorre più tramare inganni e comprare primogeniture; i ricchi doni restano semplice scambio tra chi ama e rispetta e chi è amato e rispettato.

Ma gli uomini si amano meglio quando il loro sentimento non viene turbato dalle quotidiane difficoltà della convivenza e Giacobbe lo sa.

Alle generose ed impulsive offerte di Esaù di continuare insieme il viaggio e la vita, oppone una diplomatica prudenza.

Tale e tanta è la differenza fra di loro, che Giacobbe, nella sua astuta e preveggente saggezza, decide di scegliere altre strade per la sua famiglia e per il suo futuro, lasciando il fratello Esaù a un diverso destino e ad un'altra posterità.

CAPITOLO XI

Ci risiamo.

Anche nei figli del saggio Giacobbe, nemico della violenza, persino in quei giovani uomini, destinati a diventare altri futuri e famosi patriarchi, ricchi di anni e di progenie, anche in loro, inaspettatamente, riaffiorano i soliti cromosomi della bestia.

Emerge ancora una volta quella non sradicabile passione per il sangue del nemico.

Ed ecco che, manco a farlo apposta, ancora una volta, è una donna la causa del male.

Dina, la bella figlia di Giacobbe, arrivata con il padre e i focosi fratelli nella terra di Canaan, pensa bene di uscire dalla tenda per farsi un giretto e magari conoscere e far un po' d'amicizia con le ragazze del luogo.

Le donne amano trovarsi tra di loro, lo hanno fatto

da sempre e lo faranno per millenni. Uomini assetati di linfa femminile le aspetteranno al varco, o almeno speriamo che così continui a succedere, anche se certi segni inequivocabili di indifferenza al nostro profumo dovrebbero suonare d'allarme.

Sichem, figlio di Camor, padrone della regione, vista la leggiadra, sconosciuta Dina, decide di prendersela, così, su due piedi. E' sicuramente prepotente ed avventato nel suo corteggiamento spicciolo e violento.

Il cronista, però, spiega bene che anche la sua anima si lega alla figlia d'Israele e che il cuore della fanciulla si apre alle sue parole.

Al fatto bestiale subentra un fatto teneramente umano.

Vien quasi voglia di perdonare a Sichem l'imperdonabile violenza, tanto potente è la forza del suo amore.

Sembrerebbero poi, tutto sommato, fatti loro, dei due ragazzi ormai innamorati.

Nessun maschio della famiglia di Giacobbe, tuttavia, si preoccupa dei sentimenti della fanciulla in questione, quella che per prima avrebbe il diritto di condannare o perdonare.

L'onore della famiglia è stato offeso e, nonostante le immediate, riparatrici offerte di matrimonio, sembra che il sangue della perduta verginità debba essere lavato col sangue del maschio predatore.

Camor, padre dello stupratore innamorato, offre agli offesi maschi d'Israele tutta la disponibilità sua e del suo popolo.

Arriva perfino ad accettare quella strana, sconosciuta usanza di liberare, con un taglio doloroso, il loro sesso prigioniero, disposto a tutto pur di acquietare quel popolo furibondo.

Ma Simeone e Levi, i fratelli investiti del ruolo di maschi protettori, non sentono ragioni: fingono di accettare le proposte di pace e, mentre i Cananei appena circoncisi, sono ancora stesi doloranti, compiono il massacro, totale ed impietoso.

Avranno, naturalmente, oltre al gusto agrodolce della vendetta, anche le donne e le ricchezze della città conquistata.

Avranno, inspiegabilmente, ancora una volta, l'appoggio del loro Dio, partigiano ed imprevedibile, ma mai il perdono di Giacobbe che, con la sua totale condanna, dettata non solo da timori di rappresaglia o da ragioni politiche ma soprattutto da sacrosante motivazioni di giustizia umana, riesce a porre Israele, di nuovo, miracolosamente, su un piano di superiorità morale.

In punto di morte rinfaccerà nuovamente ai figli, ormai patriarchi e venerati capi tribù, l'orrore di quello sterminio.

Quel Dio che avevamo lasciato inspiegabile partigiano non tiene mai i conti in sospeso e vuole essere ripagato per il suo appoggio determinante.

Ecco le sue precise condizioni: via da Israele i piccoli dei di riserva e via quelle statuette simbolo di nulla che, pur insignificanti ai suoi occhi eterni ed infiniti, possono distrarre il suo popolo dall'unica funzione che, nella sua ottica divina, sia degna dell'uomo: quella di dedicarsi anima e corpo al suo creatore.

Poi, fra morti accompagnate da pianti inconsolabili e solenni sepolture, fra nascite ufficiali ed accoppiamenti quasi sacrileghi, fra rinnovate solenni promesse divine ed erezioni di steli sacre, si compie il destino terreno di Isacco.

Ad Ebron, terra già sacra di morti e di sepolcri, dove ancora aleggia lo spirito di Abramo e di Sara, Giacobbe ed Esaù, figli devoti, posano il corpo del padre, stanco di anni e di progenie sparsa per il deserto.

Chiude così con la vita terrena l'uomo che era sopravvissuto, complice la forza dell'amore, ad un padre follemente ubbidiente a Dio.

CAPITOLO XII

Giuseppe, da ragazzino, non sembra proprio dotato di perspicacia e buon senso.

Tutti nell'accampamento sanno che Giacobbe stravede per lui, bambino nato dall'amata Rachele in tarda età, quando ormai disperava di poter ricevere un simile dono divino.

I fratelli maggiori, i figli della moglie Lia e delle varie schiave, già mal sopportano quel cocco di papà con un atteggiamento da spione saputello.

Giuseppe, beatamente inconscio di tutto l'odio che gira attorno a lui, si muove vanitoso con la sua bella tunica dalle maniche lunghe, mentre i fratelli devono accontentarsi di vesti semplici, quasi da servitori.

Un ragazzo saggio non si sarebbe messo in evidenza, ma la saggezza in questa fase della vita non gli appartiene proprio.

Per esasperare ancor di più i fratelli, blatera ingenuamente sui suoi sogni, che, immancabilmente, gli mostrano una strada di gloria.

Tanto per non lasciare adito a dubbi, Giuseppe narra di come, nelle inconsapevoli immagini oniriche, il suo covone resti bello dritto, mentre quelli dei fratelli si ammosciano davanti a tanta potenza; gli astri, guarda caso in numero di undici, (proprio come i suoi fratelli) si prostrano davanti a lui, e via di questo passo.

Ce n'è da far salire la mosca al naso a chiunque, tanto che perfino il padre Giacobbe, irritato, gli somministra un bel predicozzo sulla scarsa opportunità e diplomazia dei suoi, non sappiamo quanto ingenui, racconti. Parole che comunque svolgono il loro compito, lasciando il segno nel cuore di un padre già condizionato da una preferenza mal dissimulata e mal digerita dagli altri figli di Israele.

La situazione non può certo andare avanti così: i fratelli decidono che alla prima occasione Giuseppe, con tutti i suoi privilegi e tutti i suoi fastidiosi sogni premonitori di gloria, dovrà sparire.

Ed ecco che il fanciullo, troppo chiacchierone e troppo amato, finisce nel fondo di una buia cisterna, nudo, senza neppure il conforto della sua bella tunica dalle maniche lunghe che, strappata ed insanguinata, servirà a convincere il padre della triste sorte del figlio prediletto, sbranato dalle fiere.

Ma Giuseppe mica per nulla è un prediletto del padre e di Dio: il suo sangue prezioso non verrà versato. Ruben, il fratello maggiore, figlio di un'altra madre, non vuole macchiarsi di un tale orrendo delitto e convince i fratelli a non prendersi una simile responsabilità.

Che sia la sorte a decidere di Giuseppe, non i suoi fratelli: un ragazzino schiavo in qualche paese lontano non darà più tanto fastidio, sarà proprio come se fosse morto.

Ed ecco che il figlio prediletto di Giacobbe sembra finire i suoi giorni da infimo servo senza nome in una tribù di Ismaeliti, sempre coprotagonisti nella storia del popolo eletto.

Diretti nel lontano Egitto, prendono volentieri un nuovo schiavo, ricco di salute e giovinezza.

Il povero padre lontano verrà lasciato a struggersi per la presunta fine del suo caro bambino.

Ma il caro bambino in Egitto non rimane a lungo umile schiavo sconosciuto: l'hanno già detto molto chiaramente i suoi sogni che non è quello il suo destino.

Favorito dall'appoggio del suo Signore celeste, ottiene successi strepitosi in tutto quello che fa. Dove si trova Giuseppe, là abbonda la benedizione divina che tutto fa prosperare.

Al suo padrone egiziano non pare vero di avere la fortuna di possedere quel giovane ebreo, così perfetto, a cui affidare l'amministrazione della sua casa e dei suoi averi.

Ma Giuseppe, oltre ad essere intelligente, bravo, onesto, ha anche la disgrazia di essere un altro di quei bei maschi attraenti di cui è piena la nostra cronaca e la padrona egiziana, la solita donna dissoluta e tentatrice, non vuole farsi scappare tanta grazia.

Lo corteggia, lo assilla e lo tormenta finché il casto giovane non è costretto a parlar chiaro, perorando la sua devozione al padrone che tanto lo onora con la sua fiducia. Come potrebbe tradirlo giacendo proprio con la moglie?

Il fatto che, probabilmente, la donna fosse brutta e vecchia, il cronista non lo rivela.

Mette soltanto in risalto la limpida onestà del giovanotto, destinato naturalmente a pagare per tanta, un po' noiosa, perfezione.

Si sa che una donna rifiutata non ha certo la bocca piena di miele e Giuseppe, vittima del suo invelenito risentimento, finisce di nuovo in disgrazia, nelle carceri di quello stesso padrone che tanto lo aveva stimato.

La benevolenza di Dio per il giovane figlio di Giacobbe è, però, inesauribile e perfino dal carcere Giuseppe riesce ad emergere: il direttore, guarda caso, prende a benvolerlo e il luogo, per quanto triste, diventa il nuovo campo d'azione del nostro eroe così dotato.

Ricominciano allora i sogni, ma non quelli di Giuseppe, che a sognare troppo in grande gli è andata male già una volta.

A sognare, questa volta, sono due importanti eunuchi, funzionari del faraone caduti in disgrazia presso il loro Signore, incarcerati e, di conseguenza, a diretto contatto con il giovane ebreo responsabile delle prigioni.

Nel sentir parlar di sogni a Giuseppe si rizzano le orecchie.

Ma come, non è forse lui l'uomo dei sogni?

Non ce ne sono in giro per il grande Egitto di esperti come lui nell'interpretare la futura volontà di Dio, che così spesso si manifesta attraverso strane e simboliche visioni notturne.

Ai due funzionari, colpiti dalla stranezza delle loro immagini oniriche, non par vero di avere un interprete così acuto ed intelligente, che con gran disinvoltura dà subito una bella spiegazione logica e razionale delle visioni, apparentemente oscure, che assillano le notti dei due dignitari del faraone.

Tutto si avvera esattamente così come il giovane carcerato-carceriere aveva predetto, ma tanto acume rimane per lungo tempo ignorato. L'eunuco sopravvissuto e ripristinato nei suoi onori sembra, infatti, non ricordarsi più del giovane ebreo tanto intelligente che ancora langue in una buia prigione.

Ma, per fortuna, anche i faraoni sognano.
Ed anche loro restano turbati dal significato oscuro dei loro sogni e vogliono che qualcuno li aiuti ad interpretarli.
E così le vacche grasse e magre, le spighe gonfie di grano e quelle secche diventeranno, per l'ancora povero, sconosciuto ebreo, il trampolino di lancio che gli consentirà di arrivare alla corte del faraone, dando inizio all'avventura epocale del popolo d'Israele in Egitto.

Un'epopea che lo vedrà passare, nel corso di centinaia d'anni, da una posizione di privilegio e di nazione favorita agli occhi del faraone, a quella di ospite sempre più sfruttato, odiato e temuto.

CAPITOLO XIII

Giuseppe diventa il boss dell'intero Egitto.

Il faraone in persona, colpito dall'acutezza del suo ingegno e dalla razionalità delle interpretazioni, gli dà in mano le sorti del suo popolo, mettendolo a gestire i previsti sette anni di abbondanza ma, soprattutto, quelli successivi e tragici, di terribile carestia.

Giuseppe si rivela, come così spesso accade con i personaggi del popolo che Dio ha eletto, un grande amministratore.

Gestisce l'abbondanza con la stessa saggezza con cui ha interpretato i sogni del faraone: le vacche magre non riusciranno ad ingoiare stoltamente le vacche grasse, la spiga gonfia non soccomberà senza disegno davanti a quella fragile e secca.

Con mosse oculate e previdenti, anche se necessariamente crudeli, affronta e supera la terribile sfida di una feroce carestia che avrebbe altrimenti distrutto anche il suo popolo, assieme a quello egiziano.

Alla fine dei drammatici sette anni i contadini si troveranno sì schiavi, privi del possesso della terra e costretti a cedere al faraone, per il resto della loro esistenza, ben un quinto dei loro raccolti, ma saranno ancora vivi.

Avranno, inoltre, il seme necessario per far rifiorire la terra e la tribù, e il pane necessario a nutrire i propri figli, con la dignità intatta e l'orgoglio del padre che è riuscito a far sopravvivere la propria famiglia in mezzo a mille prove e tremende difficoltà.

La Bibbia qui lancia un messaggio molto chiaro: attraverso il suo efficace cronista, ci dice, senza tanti giri di parole o sottintesi, che l'uomo nulla può aspettarsi in cambio del nulla; tutto, anche il più piccolo seme, deve essere conquistato attraverso il rigore ed il sacrificio.

Deve essere comprato e pagato.

La cronaca parla sommessamente, con lapidaria semplicità, di uso delle risorse, di prestiti e di pagamenti, di possibilità di vita o certezza di morte, concetti che il mondo vive ancora, dopo millenni, con incerta ed ambigua sofferenza.

Con tutte le sofisticate teorie ed invenzioni, con le nostre vacche grasse e le nostre spighe mostruosamente gonfie, non riusciamo a far in modo che tutti i padri riescano a sfamare i propri figli.

Lungo questo sentiero di migliaia di anni abbiamo perso di vista l'importanza del fatto essenziale: la progettazione e la salvaguardia della vita a qualsiasi prezzo e a qualunque costo.

La vita della terra e di coloro che vogliono continuare a calpestarla.

Le lande desolate e le pance gonfie di niente sono la risposta al nostro mettere l'amore per essa al secondo, al terzo, all'ultimo posto.

Abramo aveva messo a repentaglio l'alleanza con Dio pur di salvaguardare quel soffio divino.

Giuseppe riduce un popolo intero in schiavitù, pone le basi per una lunga prigionia della sua stessa gente, pur di salvaguardare la vita, quel respiro senza il quale nulla è possibile.

Il messaggio non è ancora giunto.

Tornando alla nostra affascinante cronaca, scopriamo che gli anni trascorrono anche per gli incredibilmente longevi patriarchi ed ormai Giacobbe, il gemello riflessivo ed attento, il padre delle future tribù d'Israele, è vecchissimo.

Vuole morire accompagnato dal sacro giuramento che le sue ossa riposeranno là dove i padri hanno reso santo il suolo, in quella terra di Canaan dove il popolo amico di Dio ha scavato le sue radici più profonde.

Il figlio da sempre preferito, Giuseppe, giura solennemente, ponendo le sue mani al centro della vita come, prima di lui, aveva fatto il servo fedele di Abramo.

Giacobbe, vecchio e osannato perfino dagli ancora amichevoli egiziani, va finalmente a riposare nella spelonca acquistata dal primo patriarca.

Non se ne va senza aver prima benedetto le dodici tribù che nasceranno dai suoi dodici figli.

L'usanza è sacra, il dire bene di un uomo da parte di chi gli ha dato la vita è ancora la legge universale in quella terra di sabbia e di fiumi.

Anche in questa circostanza, come spesso abbiamo visto nella nostra sempre bellissima cronaca, salta fuori una preferenza, apparentemente ingiustificata.

Fra tutte le benedizioni, miste ai duri rimproveri

rivolti a Simeone e Levi per la strage non dimenticata di Sichem, Giacobbe compie la sua scelta, come sempre suggerita ed avvalorata dall'appoggio incondizionato del Signore suo e d'Israele.

E' ad un figlio quasi sconosciuto che si rivolge l'attenzione del patriarca: Giuda, con la sua progenie, è colui al quale viene affidato lo scettro del comando. Dalla sua stirpe verrà la salvezza definitiva e la gloria del popolo che tutti, finalmente, riconosceranno come l'eletto del Signore.

Giuseppe è stato bravo, indubbiamente, e Beniamino è il cucciolo preferito, ma sarà dal seme di Giuda che nascerà il Messia.

Giacobbe lo preannuncia, immergendo questo destino in un mare poetico di vino rosso di vita, di sangue e di sacrificio e mescolandolo ad un candido latte, bianco di purezza.

Vien per forza da pensare all'agnello di Dio, a quel figlio di Giuda che, per strana ventura o destino divino, annegherà in quel preannunciato mare di grandezza ed umiltà, a quel "deludente" Messia che, invece di gloria e vittorie vendicatrici, porterà amore ed innocenza.

Un coraggioso e mite annunciatore di un Padre che, il Figlio sostiene, è in fondo amorevole e misericordioso, ama tutti e tutti accoglie. Un Dio ecumenico che il popolo eletto rifiuterà, sprezzante, nell'orgogliosa sicurezza di essere il primo e l'unico figlio prediletto.

Il messia deve portare gloria, trionfi militari e potenza.

Al popolo d'Israele pare non interessare molto il trionfo dell'amore.

Dopo cotanta scelta, proseguendo nella nostra storia, arriviamo anche alla morte di Giuseppe, il ragazzo della bella tunica con le maniche lunghe, l'invidiato figlio di Rachele.

Quel figlio destinato dagli uomini ad una morte oscura e riscattato dalla forza dei sogni, l'interprete saggio e fantasioso delle visioni del faraone e di quelle del suo popolo.

Le sue ultime parole sono per quella terra, promessa tante volte da un Dio imprevedibile e capriccioso che richiede continue prove di fedeltà assoluta e di amore incondizionato, una terra che alla fine Dio non potrà più limitarsi a promettere.

Il suo popolo, schiavo o ramingo nel deserto e nel mondo, forte esclusivamente della sua fede arrogante nel Signore assoluto che lo guida attraverso quei padri possenti, incredibilmente e divinamente umani, la sua terra promessa alla fine la raggiungerà.

ESODO

CAPITOLO I

Di sicuro Mosè non è uno che vuole a tutti i costi mettersi in mostra.

Fin dall'inizio, giovane ebreo vestito e trattato da nobile egiziano, se proprio deve agire per difendere quella che è comunque la sua gente, cerca di farlo quasi di nascosto, guardandosi attorno furtivamente per paura di eventuali testimoni.

Non è certamente pronto a manifestarsi pubblicamente quale paladino del suo popolo così oppresso, non è ancora del tutto consapevole della propria vera identità. Il salvato dalle acque evita fin che può lo scontro frontale con gli egiziani, il popolo dell'amata madre adottiva, principessa dal cuore tenero, che gli ha salvato la vita alla faccia di tutte le norme terrificanti emanate dal fratello faraone contro gli indifesi neonati ebrei.

Il nostro cronista, all'inizio dichiaratamente maschilista, sembra essersi arreso al fascino femminile e, ancora una volta, pone nelle mani di una donna il destino dei protagonisti della sua storia.

Nel caso di Mosè ci troviamo di fronte ad un bambino con addirittura due madri: un'ebrea che gli dà la vita e un'egiziana che gliela salva e gliela preserva finché è umanamente possibile farlo.

Madri e sorelle, fin dalla nascita, trovano quel bambino troppo bello per buttarlo via, lo amano d'istinto e fanno di tutto per proteggerlo e dargli la possibilità di sopravvivere in un Egitto ormai pieno di odio per la progenie di Giacobbe, una discendenza troppo numerosa, divenuta così potente da far paura anche ai faraoni che pur avevano posto Giuseppe, un ebreo sconosciuto, ai massimi vertici del potere.

Gli ebrei sono diventati ospiti scomodi.

Non se ne stanno buoni, seduti in un angolo del salotto a bere il tè e a chiacchierare amabilmente: entrano in una casa e dopo un po' diventano insofferenti, decidono che il tè lo sanno fare meglio loro e ti preparano anche dei dolcetti squisiti al cui confronto le tue torte fanno schifo.

A quel punto, inevitabilmente, t'innervosisci e, se sei un tipo violento, rischi di passare velocemente alle vie di fatto.

I primi della classe sono sempre antipatici, se riesci a pestarli rischi di non provare neppure tanto rimorso.

I poveri egiziani sono i primi di una lunga serie destinati a passare alla storia per aver tentato, invano, di cancellare il popolo eletto dalla faccia della terra.

Prima ci provano con i lavori forzati e le fatiche più estenuanti, con il chiaro scopo di non lasciare nei famosi lombi dei maschi ebrei neppure un briciolo di energia e condannarli, così, ad una lenta, ma sicura estinzione.

Ma il popolo di Abramo e di Isacco energia per procreare figli ne trova sempre e comunque.

Al faraone, allora, viene un'idea brillante: quando partoriscono, le madri hanno generalmente bisogno di qualcuno che le aiuti. Le donne preposte a questo ruolo sono importanti, hanno praticamente potere di vita e di morte sulle creature deboli ed inermi che si offrono alle loro mani sapienti.

Un piccolo accordo con le levatrici che si occupano delle partorienti ebree e la cosa è fatta: una veloce occhiatina e, se il neonato è maschio, si può far fuori con un niente.

Le femmine non sono importanti, si possono

lasciare in vita, tanto di serve c'è sempre bisogno.

Ma il faraone ha organizzato il suo bel piano senza tener conto del fatto che anche le donne, in quanto ebree, sono elette e, a differenza di quelle debolucce delle egiziane che per partorire fanno un sacco di storie e hanno bisogno di aiuto ed assistenza, loro son toste, i figli li sfornano velocemente e con grande efficienza. Per cui, quando la levatrice arriva, trova tutto già sistemato.

Nessuna possibilità di far fuori i maschietti in modo rapido e silenzioso.

Perlomeno così asseriscono candidamente quelle donne preposte a far nascere nuove vite, che non sono disposte a mutare il loro ruolo e diventare seminatrici di morte.

Osano, pertanto, disobbedire al potente faraone, sicure di avere la riconoscenza, ben più importante, del Signore amico degli ebrei.

A questo punto, il faraone è alla disperazione.

Le ha tentate tutte per indebolire gradualmente quel popolo di grandi rompiscatole che lo terrorizzano con la loro potenza, non solo numerica.

Basta con le sottigliezze e i metodi subdoli.

Ricorre allora apertamente alla forza più spietata: tutti i piccoli maschi ebrei devono esser fatti fuori, senza eccezioni.

Ma, come il cronista ha evidenziato fin dall'inizio, Mosè è così bello che la madre non se la sente proprio di farlo morire e decide di rischiare di non vederlo mai più, pur di saperlo vivo.

Lo affida alla corrente del Nilo e spera nella carità della grande acqua.

Come quasi tutti sappiamo, il destino benevolo o il disegno di Dio si presenta, addirittura, sotto le spoglie della sorella di chi aveva organizzato il massacro, una giovane donna consapevole soltanto di salvare la vita di un neonato indifeso, comparso misteriosamente tra le canne del grande fiume.

E' di nuovo l'amore per una vita che spinge i personaggi della nostra cronaca a compiere gesti spesso razionalmente inspiegabili: probabilmente la principessa egiziana di bambini da coccolare e adottare come figli ne poteva trovare in tutti gli angoli, ma lei vuole a tutti i costi quel neonato ebreo che dondola in una povera cesta e che l'ha chiamata con un pianto disperato.

Sono soli, sul fiume, la giovane donna ed il bambino.

Le ancelle sono rimaste sulla riva a giocare e a ridere fra di loro.

L'istintivo gesto naturale e materno di calmare il

pianto della creatura indifesa, togliendola dal fiume e ponendola sul proprio seno ed il dado è tratto, non ci possono essere ripensamenti o passi indietro.

Tutto avviene nella semplicità e nel caldo silenzio di un frusciare dolce e furtivo di acqua e di vesti femminili, in un mondo chiuso di madri, sorelle ed ancelle obbedienti.

Non ci sono clamori di urla o stridore di armi, sono lontani gli insensibili occhi duri dei maschi egiziani, potenti padroni della morte.

Mosè cresce, passa di madre in madre finché, giovane mezzo principe con un futuro molle e roseo davanti a sé, alla prima scena di violenza verso i suoi simili, sente impetuoso il richiamo del sangue ed impetuosamente compromette tutto il suo passato, assoggettandosi, ancora ignaro, alla volontà implacabile di un Dio, per lui quasi straniero, che non fa mai nulla per caso e che la vita aveva deciso di salvargliela con uno scopo ben preciso.

E Mosè fugge dalla inevitabile sete di vendetta di chi lo aveva considerato e trattato come uno di famiglia.

Fugge sconsolato, non pare capire bene quello che, quasi suo malgrado, hanno fatto le sue mani, inesorabilmente sporche di sangue egiziano.

Non sa ancora di essere destinato ad un futuro di sofferta grandezza: siede presso un pozzo, lontano da ebrei ed egiziani, solo con tutta la sua umana paura.

E' incredibile come il cronista di questa storia ce la faccia ogni volta.

Ci mescola abilmente sotto il naso divina grandezza ed umana miseria, ricavandone personaggi che, in mezzo a pozzi, acque, tramonti e deserti, immancabilmente si scolpiscono nel nostro cuore.

Un cuore che, dopo migliaia di anni, dovrebbe essere incallito ed avvezzo a tutte le sottigliezze politiche o letterarie che dir si voglia.

Non è così.

Il giovane Mosè che siede presso un pozzo, solo in una terra sconosciuta, pieno di sgomento per il suo incerto destino, pezzo di creta tremante nelle mani di un Dio inesorabile, dopo migliaia di anni di storia ci commuove ancora.

CAPITOLO II

Mosè ha indubbiamente una vocazione particolare a fare il cavaliere che corre in soccorso dei deboli: mentre è là presso il pozzo, a rimuginare tristemente sul suo incerto destino, ecco che si sente in obbligo di aiutare delle fanciulle sconosciute, vittime, ancora una volta, della prepotenza maschile.

Ne soccorre sette in un colpo solo, fa le cose con efficienza e semplicità: caccia i pastori prepotenti e aiuta le sorelle ad abbeverare le loro greggi assetate.

Quel bell'egiziano, almeno così appare loro per vesti e lingua, così forte, generoso, silenzioso e triste, fa strage dei loro cuori: tornano di corsa dal padre che, meravigliato di un rientro così anticipato, stenta a capire, nel diverso vociare di sette ragazze eccitate da tanto incontro.

Alla fine di tutto quel parlare concitato il genitore

riesce a tirar fuori che uno straniero gentile ha aiutato le sue figlie e che le sventate, troppo emozionate per agire razionalmente, lo hanno lasciato là, vicino al pozzo, senza invitarlo, com'è sacra tradizione, nella casa del padre.

Questi provvede immediatamente e rimedia a quel torto inconcepibile, invitando lo straniero a dividere la sua tenda ed il suo pasto.

A Mosè quell'umile rifugio in terra sconosciuta pare un dono del cielo. Perlomeno è lontano da ebrei ed egiziani, che ancora gli lacerano in due il cuore.

Quell'anonima pace fatta di aria pura e di montagne, di pecore e di pastori, l'umile vivere sereno una semplice quotidianità familiare, senza essere costretto a scelte dilanianti piene di conseguenze tragiche, è come un balsamo per la sua anima.

Dio lascia che per lunghi giorni il suo nuovo messaggero fra gli uomini goda dell'apparente pace che precede la tempesta.

Fa finta di dimenticarsi del suo popolo che langue e soffre sotto gli idoli stranieri.

Vuole che Mosè arrivi da solo al punto di crisi, che, quasi inconsapevolmente, giunga ad un punto tale d'ira per le continue notizie sulla malvagità di coloro in mezzo ai quali è cresciuto, da riuscire a strapparseli dal cuore.

Queste notizie di sofferenza, alla fine, riescono a sconvolgere la pace dei suoi pascoli e del suo cuore.

Dio vuole che il suo uomo bruci nel rimorso di non essere ancora accorso in sostegno dei fratelli incatenati.

E' il cuore di Mosè che arde senza mai consumarsi sul monte di Dio: è un roveto che punge e sanguina, un cuore che alla fine si inginocchia davanti a quello che, inevitabilmente, sarà la sua sorte.

Chiude gli occhi, Mosè, davanti a quel destino.

E' pieno di timori per la sua inadeguatezza, pone mille problemi e quesiti a se stesso e a quel Dio che gli brucia nel cuore: come faccio ad essere credibile in questa nuova veste d'inviato del Signore, io che sono fuggito in mezzo alle montagne per non aver più nulla a che fare con ebrei ed egiziani, io che non so neppure parlare bene, che sono timido e non conosco nemmeno il nome del Signore?

Come faccio, domanda a quel Dio mezzo sconosciuto che gli urla nella testa, ad andare dal faraone, che in fondo ho tradito, a dettargli condizioni per conto di un popolo in schiavitù che non ha più alcun potere?

Non è ambizioso, Mosè, non è un novello Abramo pieno di smania di combattere e di vincere.

E' solo un uomo fragile e un po' codardo, che non si esporrà mai in prima linea, che solo dall'intima convinzione di avere Dio che lo sostiene troverà l'inumana e un po' folle forza di affrontare un avversario mille volte più potente.

Deve essere guidato passo per passo il nostro umile condottiero, parla con le parole che Dio gli ha messo in bocca, si accinge ad un'impresa impossibile solo perché così la voce che gli brucia costantemente nel cuore gli ordina di fare.

Il cronista, come al solito, svolge egregiamente il suo lavoro. Sa di aver a che fare con un uomo timoroso, prudente fino all'inverosimile, un uomo che prima di agire deve avere tutto il piano spiegato nei minimi dettagli, e lo accontenta.

"Senti- gli dice- accadrà questo e poi questo; sai benissimo, essendo vissuto fra di loro, quali saranno le reazioni degli egiziani alle richieste che avanzerai: come minimo ti rideranno in faccia e rischierai di finire anche tu a cuocer mattoni per le tombe dei faraoni.

Non ti preoccupare più di tanto, se veramente hai

Dio dentro di te, farai cose che li lasceranno interdetti anche se cercheranno di controbattere con i loro maghi, che di prodigi ne sanno compiere anche loro."

Gli fornisce un'anteprima dettagliata su quello che accadrà al testardo faraone e al suo popolo, tanto stupidi da aver scelto gli dei sbagliati e da non riconoscere la superiorità del Dio della nazione che tengono in catene.

"Non fermarti davanti a nulla- dice il Signore - a mali estremi, estremi rimedi!"

Mosè, con la sua timidezza quasi patologica, arriva perfino a far infuriare il Signore: all'ennesima rimostranza di quell'ebreo mezzo egiziano, che si dichiara assolutamente incapace di fare l'oratore, che si definisce "pesante di bocca e lingua", Dio, per non tramortirlo con un fulmine, gli concede suo fratello come interprete e gli dona l'immensa dignità di colui che non dovrà né parlare né spiegare nulla. I fatti e suo fratello parleranno per lui.

Gli affida perfino un bastone che sembrerà magico agli occhi ciechi dei non credenti, un simbolo di autorità per renderlo un po' più sicuro di sé.

Glielo consegna con un ultimo sottinteso suggerimento: se vuoi veramente che le cose accadano, vedrai che accadranno.

E Mosè parte, finalmente pronto ad affrontare l'immane compito che Dio gli ha riservato: far uscire il popolo suo primogenito dalle catene dell'Egitto e portarlo nella terra del latte e del miele già promessa ad Abramo, ad Isacco e a Giacobbe, la terra da dove, naturalmente con il suo aiuto, gli Ebrei cacceranno gli Hittiti, i Cananei e tutti gli altri che osano vivere nel paese da sempre prescelto per il popolo eletto.

Il programma non è dei più semplici, ma ormai Mosè è partito e, come tutti i lenti, quando parte non si ferma più.

La moglie, semplice montanara, ignorante degli usi del popolo di suo marito, terrorizzata, si affretta a far circoncidere il figlio primogenito, sul quale si era per un attimo fermata l'attenzione non proprio benevola del tremendo Dio di Abramo, insaziabile per quanto riguarda i segni di assoluta devozione ed obbedienza.

Finalmente, con tutte le carte in regola ed il fratello Aronne quale fidato interprete e portavoce ufficiale, Mosè inizia la grande impresa.

CAPITOLO III

Sono un team ben organizzato, Mosè ed Aronne.

Come da piano divino prestabilito, i due fratelli si sono divisi i compiti: Mosè svolge il ruolo di sostituto-rappresentante terreno del Signore, in grado di mostrare con un gesto ed uno sguardo tutta la sua potenza.

E' ieratico, inaccessibile, come solo un vice Dio può e deve essere.

Aronne ha il compito di spiegare ed incantare tutti, i connazionali ebrei innanzitutto, con la sua dialettica e la sua incredibile capacità di persuasione.

I venerati anziani del popolo d'Israele, dopo averlo ascoltato, s'inchinano davanti a quelle dimostrazioni di straordinarie capacità oratorie che possono derivare soltanto da divina ispirazione e si prostrano, pronti ad obbedire a quegli improvvisi messaggeri di Dio, misteriosi e un po' strani, venuti dalle montagne a proporre cose fantastiche e quasi incredibili.

Vinto il primo importantissimo round, in cui avevano messo in gioco la personale credibilità tra la loro stessa gente, Mosè ed Aronne affrontano ciò che pare perfino ridicolo accingersi a fare: chiedere al quasi inaccessibile faraone, padrone di tutto l'Egitto e dei suoi abitanti, di dare tre giorni "di ferie", diciamo così, a quelle migliaia di schiavi stranieri che sudano con turni massacranti per costruire i suoi mausolei e i suoi monumenti.

Il faraone non sa se ridere o piangere per la stupidità di quegli ambasciatori straccioni che osano chiedergli d'interrompere le sue grandiose opere.

Gli schiavi ebrei sono numerosissimi, sono anche i migliori per resistenza ed accuratezza nel lavoro, se appaio debole con loro, te lo immagini il casino?

Meglio dare un bel giro di vite, consigliano i suoi esterrefatti dignitari, così calmiamo subito i bollenti spiriti. Non solo i tre giorni di libertà per adorare il vostro misero Dio ve li sognate, ma d'ora in poi la paglia da mescolare al fango per fare i mattoni, invece di trovarla pronta, ve la dovrete procurare voi.

Ovvio che il numero di mattoni deve rimanere uguale. La produzione non deve calare per nessun motivo. I monumenti e le tombe faraoniche mica aspettano i comodi dei miserabili schiavi che li costruiscono.

Invano gli scribi ebrei, facenti funzioni di sindacalisti dell'epoca, invocano il faraone di mitigare una norma così assurda.

Il re dei re si è incaponito nel voler dare una lezione agli ultimi fra i suoi servi, in fondo sempre così antipatici con le loro arie di supponenza.

Il lavoro è e rimane praticamente raddoppiato, così un'altra volta gli ebrei imparano ad avanzare richieste assurde.

A questo punto è perfettamente naturale che i poveri schiavi si rivoltino inviperiti contro quella coppia di presunti messaggeri di Dio, arrivati con idee e discorsi grandiosi.

Idee e discorsi che hanno portato il popolo, già da un pezzo apparentemente non più eletto, all'unico bel risultato di morire più velocemente di fatica e di stenti.

Mosè sarà anche uno lento di parola, ma nel rivolgersi a Dio per una doverosa spiegazione è più veloce del fulmine: "Signore, non so se mi spiego, io ho solo fatto quello che tu mi hai ordinato e adesso guarda che razza di disastro!"

Dio sembra non scomporsi più di tanto.

Il cronista ce lo presenta tipo registratore automatico, assolutamente incurante delle violente lamentele del suo popolo e dei suoi più stretti collaboratori, un Dio testardo che si rifiuta di guardar giù e che si limita ad insistere con la stessa, monotona, apparentemente stolida politica: i suoi ambasciatori devono ripetere agli anziani e al faraone il ritornello già invano cantato: il suo popolo, entro breve tempo, deve essere libero di andarsene dall'Egitto per raggiungere l'agognata terra promessa o, alla fine, libero lo diverrà comunque.

Secondo Lui, il popolo ed i suoi rappresentanti devono solo insistere ed aver fiducia nella potenza di persuasione dei suoi metodi, che effettivamente, alla lunga, si riveleranno piuttosto convincenti.

Incredibilmente, Mosè ed Aronne ci riescono un'altra volta.

Convincono gli anziani a lasciarli provare e riprovare, con tutti i sistemi a loro disposizione, finché, sono sicuri, il faraone alla fine sarà costretto a cedere.

E, soprattutto, convincono il popolo a resistere indomito, fra sofferenze sempre più atroci, in quell'atto di cieca, miracolosa fiducia.

E Mosè comincia con il copione che il suo esigente Signore gli ha fatto rigorosamente ripetere innumerevoli volte, fino a farglielo recitare in maniera perfetta.

Bene, tutti sappiamo che le disgrazie non arrivano mai sole, ma questa volta ai poveri egiziani non ne viene risparmiata una.

E' come un incontro di boxe fra un peso massimo e un peso mosca, giù "botte da orbi" con una fantasia che riesce difficile persino immaginare.

Dopo un primo, semplicissimo, esempio di capacità magiche che non fanno neppure il solletico ad un faraone abituato a maghi espertissimi e smaliziati, a Mosè, sollecitato dall'onnipresente regista, non resta che passare alle lezioni dure.

Vedersi trasformare sotto gli occhi tutta l'acqua in sangue non è uno scherzetto da poco, ma il faraone scambia la faccenda per un'altra esercitazione magica, incarica i suoi maghi di casa di compiere più o meno lo stesso sortilegio, tanto per dimostrare che i suoi idoli non sono da meno di quel Dio così arrogante e fa scavare pozzi nuovi.

Non c'è peggior sordo di chi non vuol sentire.

Secondo round, seconda piaga: rane a volontà, dappertutto: quelle infinite mandate dal Dio implacabile degli ebrei con aggiunte quelle radunate alla svelta dai maghi egiziani, disperati per la evidente superiorità di quel mago ebreo.

Deve essere particolarmente spiacevole trovarsi quei viscidi esserini gracidanti fra le lenzuola, sotto il sedere, nella minestra. Il faraone vacilla per la prima volta, chiama Mosè e gli comunica di aver capito l'antifona: dica a quel suo Dio così permaloso di togliergli tutte quelle rane dal regno, i suoi fedeli avranno lo stramaledetto permesso di andarsene nel deserto a pregare un po'.

Mosè, obbediente, esegue, togliendosi, però, lo sfizio di prendere un po' per i fondelli l'esasperato faraone: "Certo, mio Signore, quando vuoi che preghi il mio Dio di toglierti di dosso quelle immonde rane?

Domani? Va bene, vedrai che lo farà in un batter d'occhio, sarà solo questione di fare un po' di pulizia di carognette puzzolenti."

Quel re, ricoperto d'oro, simbolo di potere assoluto, non sembra però disposto ad ingoiare facilmente l'umiliazione e prova a fare il furbo.

Sparite le rane, sparisce il permesso. Gli schiavi stanno dove sono, altro che preghiere nel deserto.

Sembra di vederlo, il Dio d'Israele, ammiccare quasi

sorridendo ai suoi ambasciatori: "Ve l'avevo detto che il faraone sarebbe stato testardo, io lo sapevo che un migliaio di rane non sarebbero state sufficienti a far capire la dura realtà a quel testone di un egiziano. Diamoci pure dentro con il resto del programma, senza ripensamenti, tanto la cosa andrà per le lunghe." Zanzare, mosconi, epidemie, ulcere, grandine, cavallette e buio pesto in pieno giorno: disgrazie spaventose che colpiscono tutto il territorio egiziano, ma con una variante che obiettivamente peggiora il tutto per i poveri figli del Nilo: il territorio abitato dagli schiavi ebrei sembra rimanere miracolosamente immune dalle orrende bestiacce e dalle calamità.

Peggio di così si muore.

Ma il faraone insiste a fare il doppiogiochista fino all'esasperazione; quando lui stesso ed il suo popolo non ce la fanno più, si umilia davanti a Mosè e lo supplica d'intercedere presso il suo Signore per far cessare l'immane sofferenza, dichiarandosi pronto a dare tutti i permessi possibili ed immaginabili. Appena però l'emergenza è passata si rimangia la parola e rifiuta d'inchinarsi davanti alla grande potenza del Dio d'Israele.

Bisogna ammettere che si rivela un duro, ma la durezza e l'orgoglio non lo portano a nulla.

Anzi, lo portano all'ultima, terribile piaga.

CAPITOLO IV

Abbiamo già visto che con i figli maschi primogeniti i nostri predecessori non scherzavano.

Essi rappresentano per loro il bene supremo, la certezza della continuità della stirpe, l'orgoglio dei padri.

E Dio ne sa qualcosa, con tutti i problemi che gli ha dato il suo umano figlio primogenito, quell'Adamo tanto amato, incapace di resistere alle tentazioni, fragile e pieno di complessi.

Il Signore degli ebrei è consapevole di essere arrivato al capolinea con quegli egiziani, amanti delle piramidi e delle costruzioni grandiose, così orgogliosi da non volersi rassegnare ed ammettere la sua infinita, superiore potenza di Dio unico ed irripetibile.

Man mano che aumenta la sua tremenda ira divina

cresce anche visibilmente la sicurezza di Mosè che, da mezzo ebreo pieno di rimorsi verso la gente che lo aveva amorevolmente adottato, si sente sempre più forte nel suo ruolo di guida suprema del suo popolo, un popolo che vuole finalmente uscire dalla schiavitù dei falsi idoli verso la salvezza dell'unico Dio.

E Mosè si erge come una montagna di fronte al faraone che, ormai sconfitto e quasi patetico, si umilia fino a contestare all'irremovibile antagonista l'ultima pecora, il più piccolo e tenero agnello.

Dio è stato ben chiaro su questo punto: gli ebrei devono andarsene nel deserto a pregare e a sacrificare per lui con tutte le loro donne, tutti gli schiavi, tutti gli armenti e le ricchezze. Meglio, suggerisce, se si accumula più oro ed argento possibile.

Non si sa mai di cosa puoi avere bisogno durante un simile, lungo viaggio.

La terra promessa, per essere raggiunta, vuole tutto, fino alla più piccola briciola.

Il terribile viaggio lo dimostrerà.

I preparativi, prima dello scatenarsi dell'ultima piaga, destinata a stroncare definitivamente l'arrogante popolo delle piramidi, sono lunghi e complessi.

La reazione degli egiziani sarà sicuramente proporzionata all'atrocità del castigo divino e il popolo deve prepararsi per lunghi giorni, spiritualmente e materialmente.

Bisogna essere sempre pronti perché non si conosce mai il giorno e l'ora della inconcepibile collera divina.

Il cronista, forse preso dallo smarrimento davanti ad avvenimenti per lui troppo spaventosi, si dilunga e dà un po' i numeri: parla di dieci giorni e di quindici, di un agnello, di primo e di settimo giorno; parla poi di obbligo assoluto di mangiare non lievitato: tutto deve essere immobile nell'attesa del castigo di Dio.

Neanche al pane è consentito gonfiarsi, facendo mostra di vita durante il lungo, mortale svolgersi degli eventi. Gli ebrei devono vivere chiusi in casa, con le porte sprangate e segnate dal sangue di un agnello, senza neppure uno spiraglio attraverso cui possa penetrare l'ira di quel Dio quasi mostruoso.

Siamo smarriti anche noi davanti a quella antica e mai scordata pasqua d'innocenze sacrificate.

Ci troviamo di fronte al passaggio di un Dio impassibile, avvolto in quella che appare subumana crudeltà, un Dio machiavellico e incomprensibile, che di tutto ci parla, fuorché d'amore.

C'è voluto un altro sacrificio spaventoso, tutto il sangue di un uomo puro, per lavare il sangue di quegli innocenti che Dio ha posto come un macigno sul capo d'Israele.

E' nel pieno della notte che gli uomini vivono quest'incubo che svela i lati più oscuri dell'animo: gli ebrei, risparmiati dalla collera divina, tremanti nelle loro case serrate e sigillate col sangue, gli egiziani e tutte le altre creature viventi che ululano la loro disperazione a quel Dio che appare malvagio e partigiano.

Il cronista si fa sempre più imbarazzato, il suo committente sembra non dare tregua alla sua sete di vendetta e di annientamento.

Non contento di aver seminato lacrime e sangue nella terra del Nilo, Dio impone al suo popolo di spogliare gli egiziani, di andarsene con le loro ricchezze. E' evidente che non vuole rimanga traccia della supremazia di chi amava circondarsi delle più svariate divinità.

Al di fuori dell'adorazione del Dio creatore del tutto e del sempre c'è solo la morte.

Sembra quasi non capire che, legalizzando a nome Suo atti di violenza inaudita, autorizza e in qualche modo giustifica le future, sistematiche spogliazioni e dispersioni del suo popolo.

Il cronista pone tutte le responsabilità sulle spalle di un Dio che pare proprio fatto a misura d'uomo, di un uomo che ha elevato alla ennesima potenza la sua malvagità e la sua grandezza.

Gli egiziani sono ora autenticamente terrorizzati: via quella gente protetta da un Dio spaventoso nella sua cieca violenza, via quei fanatici che, all'idea di ubbidienza al loro Signore, sacrificano anche gli adorati primogeniti.

La partenza degli ebrei viene resa precipitosa: non hanno neppure il tempo di lasciar lievitare la loro pasta e continuano a mangiare azzimo.

E' un esodo epocale, che tiene sveglio Dio per una notte intera: il popolo dovrà ricordare per sempre, con veglie sacre, la fatica di chi è arrivato per lui a limiti impensabili.

Il solito cronista, tornato freddo ed imparziale dopo tanti turbamenti, stabilisce per i secoli futuri le regole del sacrificio rituale, a ricordo del passaggio dell'angelo vendicatore e dell'inizio del lungo viaggio verso la mitica terra.

Ma il rito pasquale, il ricordo del cruento passaggio, non può limitarsi al pane e alla pasta: sono la carne e il sangue che vanno disciplinati dopo tutta quella carne martirizzata e tutto quel sangue versato.

E' una faccenda delicata, questa del sacrificio: è un rito a cui possono partecipare solo gli ebrei e coloro che agli usi purificatori del popolo si assoggetteranno.

Il Signore non fa questione di classe o di ricchezza. Quasi a voler espiare il peccato dell'immenso sangue versato, insiste con la purezza del rito sacrificale.

Il popolo d'Israele non è destinato a poter scordare la notte tremenda della mano forte di Dio: ogni primogenito maschio, umano od animale che sia, verrà destinato al Signore, in offerta sacrificale per le bestie, in onore e offerta simbolica per gli uomini.

Il cronista insiste con la questione della mano forte, quasi a volerla esorcizzare a furia di riconoscerne la terribile violenza.

Dio avvisa Mosè: "Hai visto cosa sono arrivato a fare per mantenere le mie promesse. Fino a che punto deve arrivare un capo per mantenere la sua autorità. La mia azione deve essere come un ferro rovente nella tua mente, quella visione deve rimanerti per sempre davanti agli occhi: obbligherai il mio popolo e i figli dei figli a ricordare per sempre la tragedia e l'inizio della salvezza con segni, cibi sacri e offerte rituali.

Sono stato costretto a sacrificare i primogeniti, ora li voglio per l'eternità."

CAPITOLO V

Non ci sono strade facili per arrivare alla terra promessa.

Dio spiega a Mosè: "E' necessario che il mio popolo cominci subito in maniera dura, irrevocabile. Deve diventare forte, non lasciarsi prendere dalla tentazione di tornare indietro allo stato di misera, sicura schiavitù.

Porrò il deserto fra voi ed il vostro passato e voi lo attraverserete con marce forzate, senza arrendervi mai, seguendo i miei benevoli segnali di nuvole diurne apportatrici di pioggia; vi scalderete ai fuochi notturni, in brevi bivacchi sotto le stelle".

Mosè ha preparato bene la sua gente per la lunga traversata: non s'improvvisa la migrazione di un popolo, servono leggi ed armenti, guide e luogotenenti.

Le ossa di Giuseppe, sacra tradizione, rappresenteranno il tramite fra un passato di promesse ed un futuro di patria e sicurezza.

L'uomo non arriva alla terra promessa se non è sostenuto dalla spinta di chi ha vissuto e creduto prima di lui. Non supera giorni di dubbio e fatica estenuante se non ha un sogno meraviglioso da raggiungere.

Mosè lo sa bene, il Dio del cielo e della terra gli ha trasmesso il fuoco dell'aspirazione alla libertà.

Insieme a quel fuoco sacro, il Dio degli ebrei non trascura di trasmettere al suo generale la scaltrezza di un grande stratega.

Il cronista, col fiato sospeso, ci racconta di un Mosè che avanza, poi arretra, conducendo un popolo che sembra vagare qua e là, indeciso.

Una tattica che invoglia il faraone ad illudersi e a credere ingenuamente ad una così evidente ed esibita debolezza.

Una strategia che spinge il re degli egiziani a dimenticare la potenza di quell'inesorabile alleato divino, a tentare un inseguimento che pare facile.

A consumare una vendetta che brucia di un fuoco che si spegnerà solo annegando nel sangue del nemico in fuga.

Ed è di nuovo nell'acqua che si gioca il destino di Mosè e quello del suo popolo.

Ma questa volta non è l'acqua familiare, calma e

melmosa che si muove lenta fra i canneti del Nilo, ma l'acqua grande, ondosa e sconosciuta, di un mare che separa terre e genti.

E' davanti a questa barriera insormontabile che il muto, insondabile Mosè accampa la sua moltitudine.

Il cronista è sconcertato: gli tocca descrivere una decisione folle che pare contraddire tutte le astute mosse precedenti: davanti al capo e al suo popolo terrificato si stende, imperscrutabile, il mare immenso.

Dietro, su carri e cavalli fumanti, si sta riversando l'intero esercito egiziano, deciso a sterminare una volta per tutte quegli ex schiavi maledetti.

E' una situazione senza vie d'uscita e il popolo, disperato, si volge con alte grida contro quel capo visionario che ha trascinato tutti verso un destino di morte orrenda.

Ma Mosè sa che il mare profondo e tumultuoso della disperazione umana non è invalicabile ed il cronista, preso dal vortice di avvenimenti apparentemente inspiegabili, più grandi di lui, si aggrappa ad un messaggio.

L'uomo che crede nella sua natura divina e si affida ciecamente al suo essere figlio prediletto di Dio, non affoga nel mare salato delle proprie lacrime.

L'uomo che crede nel sogno divino della propria immortalità riscatta la sua disperazione e raggiunge l'altra sponda.

I poveri disperati finiranno travolti da quel mare che non hanno saputo aprire.

E, ancora una volta, come nel diluvio, l'acqua copre come un sudario la fragile arroganza dell'uomo che non vuole essere figlio di Dio.

Bisogna ammetterlo, al Signore d'Israele è andata proprio bene questa volta.

Nessun precedente prodigio può paragonarsi, neppure lontanamente, a questo spalancarsi di acque gigantesche, a questo rimanere sospese per lasciar passare i figli che hanno scelto la fede in lui, a questo richiudersi con fragore, senza speranza, sopra i nemici del suo popolo eletto.

Un popolo che, trascinato dalla folle fede del suo capo, ha creduto nell'incredibile, trasformando la speranza in assurda azione d'amore per un Dio tante volte messo in dubbio dalla cocciuta, fragile razionalità della mente umana.

Il canto di vittoria degli ebrei non celebra se stessi o il proprio epico coraggio.

L'ode che il popolo intona appena posa il piede sulla sponda della salvezza è rivolta esclusivamente al Signore, il cui spirito divino soffia così forte in ogni uomo da donargli la forza delle cose grandi.

Altro che quegli idoletti sparsi per il mondo, buoni solo a soddisfare temporaneamente qualche elementare interrogativo! Il Dio guerriero dei padri, figlio dell'animo umano, non può temere confronti: i nemici precipitano in fondo al mare dell'oblio, pesanti come pietre, sprofondano come piombo o bruciano in un attimo come paglia secca, sparsi nel vento dall'alito potente della collera divina.

Il cronista vive un momento di esaltazione per la strepitosa vittoria dei protagonisti della sua storia. Lancia moniti a destra e a manca, mette in guardia tutti i popoli che oseranno porsi di fronte agli ebrei e al loro invincibile Dio, un padre che li guida con la sua possente mano destra.

La terra promessa sembra a portata di mano.

CAPITOLO VI

Il cronista, doverosamente, aveva avvisato il popolo eletto: la terra del latte e del miele non è una meta facile, ricordiamoci che siamo solo all'inizio di questa lunga strada.

Il Signore mette subito le cose in chiaro, ponendo un altro bel deserto dopo le rive del mar Rosso così avventurosamente e miracolosamente attraversato e i problemi iniziano quasi subito.

La fonte d'indispensabile acqua che incontrano è amara ed altrettanto amara è la reazione degli uomini che avevano appena finito di gratificare Dio per la sua potenza.

Non é certo una novità, né per l'Onnipotente né per il suo fedele cronista: tutti due sanno di che fragile terra è "impastato" l'uomo: se non fosse per la piccola porzione di divino che c'è in lui, alla prima difficoltà tornerebbe fango.

E vabbè, sembra dire, indulgente, Dio: diamo a questo figlio un'altra possibilità, trasformiamogli l'amaro in dolce, ma facciamo in modo che io non venga frainteso ancora una volta.

Chiama Mosè, lo istruisce su come dissetare il suo popolo e, contemporaneamente, lo avvisa: "Comportatevi secondo la mia legge, altrimenti le cose si faranno dure e molto, molto amare."

Come regalo supplementare, dopo le fatiche di un altro deserto superato, lascia che il suo popolo riposi in un'oasi, fra palme, datteri ed acqua dolce e pura.

Ma l'ozio, per quanto ristoratore, non è certo nei piani di viaggio di Mosè e del Dio che lo guida.

Non si raggiunge nessuna terra promessa beandosi all'ombra delle palme.

Tempo qualche giorno e via, sotto con un'altra tappa, ancora un altro tratto desolato e desolante, apparentemente infinito, arduo, secco e privo di risorse per sfamare la moltitudine in viaggio.

Sembra di leggere la storia della vita: qualche giorno di dolci ore serene e poi giorni di tristezze, preoccupazioni, disperazioni. Ci vogliono delle corde molto solide per tenersi durante questa continua, inesorabile altalena.

Guai a trovarsi sbilanciati durante una spinta capricciosa.

Il cronista sa perfettamente che, passato qualche giorno di più o meno mormorati mugugni, di soffocate, astiose lamentele, la protesta inevitabilmente esplode e la sottolinea con i pianti ipocriti di coloro che, come sempre in prima linea, regolarmente accusano il capo e suo fratello Aronne di aver fatto la cosa sbagliata. Potevano lasciarli in Egitto a morire, là perlomeno mangiavano, invece di trascinarli in un viaggio così evidentemente impossibile e destinarli ad una lenta e spaventosa morte per fame.

Ci sono sempre quelli che, pur di non patire, preferiscono morire schiavi.

Il cronista è allibito nel costatare la pazienza e l'imperturbabilità di quel Dio di cui, per esperienza diretta, conosce il carattere facilmente irascibile: lo vede digerire le ennesime lamentele del suo popolo ingrato e, dapprima, non capisce il disegno divino.

Le azioni di quel Dio intelligente, però, ormai lo sappiamo, hanno sempre un perché.

Il Signore non può permettere che il suo popolo, quello che lui stesso ha scelto, arrivi a destinazione ancora mezzo pagano ed incolto: ci vorrà una lezione un po' dura, lunga e sofferta, ma indispensabile per renderlo degno di soggiornare in quella terra del latte e del miele tanto promessa da apparire ormai come un miraggio.

Improvvisamente, con il fragore di una bomba, il cronista pone davanti al lettore, abituato ad azioni veloci e ad un ritmo a volte frenetico, un numero che fa spavento: quaranta.

Quarant'anni di sofferta educazione nel deserto, un lunghissimo tempo durante il quale il popolo dovrà abituarsi a cogliere, con paziente sacrificio, giorno per giorno, le opportunità per la sopravvivenza.

Dovrà procurarsi e cucinare il cibo, tessere le vesti, organizzare i ripari, costruirsi una vita sopportabile con i mezzi, a volte ardui e nascosti, a volte generosamente esposti, che Dio stesso, sotto la veste della natura, manderà loro.

Quaglie e manna, manna e quaglie per quarant'anni.

Adesso diremmo proteine e carboidrati, vitamine e zuccheri, sostanze indispensabili per sostenere la vita di qualsiasi creatura, ivi compresi i figli prediletti di Dio.

Ma guai ad arraffare più del necessario, per poi godere del frutto accantonato: la regola è che si lavora giorno per giorno, si mangia il cibo frutto della fatica quotidiana e solo il giorno precedente al sabato, da dedicare esclusivamente e totalmente a Dio e al riposo, si può organizzare una doppia razione.

Lavori e ti procuri il cibo per te e per la tua famiglia, il resto lo lasci lì.

E' una lezione di educazione all'igiene alimentare talmente dura che il popolo non se la scorderà più per millenni.

Oddio, non è che gli ebrei siano andati avanti a mangiare in modo così parco per il resto della loro storia, ma la lezione principale è rimasta indelebile: c'è il giorno per il cibo del corpo e c'è il giorno per il cibo dell'animo.

Non pare un cattivo insegnamento.

Comunque il popolo, eletto o non eletto che sia, certe volte è veramente indisponente. Appena gli capita di soffrire un po' la sete, subito si mette a lamentarsi con Mosè, tirando fuori la solita storia che era meglio lasciarli in Egitto.

Ti vien quasi voglia di riportarli indietro, allo stato di schiavitù.

Ma, evidentemente, Dio ha proprio un debole per loro e, per l'ennesima volta, perdona la loro continua protesta e suggerisce a Mosè il modo per dissetarli, cavando acqua dalla pietra.

Mica uno scherzo! Cosa che Mosè, infatti, compie alla presenza degli anziani, per dare la giusta importanza al fatto straordinario di un Padre ancora così vicino e benevolo.

Un Signore che, stranamente innamorato di quel popolo antipatico e bizzoso, riesce a far compiere ai suoi intermediari eventi a dir poco straordinari, sempre nel suo nome, naturalmente.

E, dopo un tempo che pare infinito, termina, se Dio vuole, anche questo tremendo deserto di quarant'anni, questa clausura educativa che il popolo non dimenticherà mai.

Il cronista vuole subito ravvivare la sua storia, che si era un po' impoverita in mezzo a tutti quei sassi e quella sabbia, proponendo una bella battaglia con la prima gente che si azzarda ad affrontare il popolo di Dio.

Il loro capo, povero disgraziato incosciente, si chiama Amalek. Mosè dà le direttive della battaglia e avvisa i suoi che combattano pure tranquilli, con tutta la ferocia e la calma del mondo mentre lui sarà sulla collina, assieme a suo fratello Aronne e ad altri anziani, a dirigere tutto con il sacro bastone del comando, datogli nientemeno che da Dio.

Che vadano avanti senza paura: finché ci sarà la forza di pregare il Signore onnipotente con la giusta intensità, le cose andranno bene.

Con il solito richiesto e quasi sempre ottenuto aiuto divino, Mosè ce la fa e il suo esercito sbaraglia quello del povero Amalek, di cui nessuno sentirà più parlare.

CAPITOLO VII

Non è che ci si ricordi molto di Ietro, il suocero di Mosè, se non per quell'atto iniziale di ospitale accoglienza al mezzo egiziano ramingo che aveva soccorso le sue figlie, un giovane frastornato, incapace di decidere, bisognoso di serenità e di riposo mentale.

Non ci era rimasto particolarmente impresso Ietro, ma il nostro cronista con poche pennellate ce lo rimette improvvisamente sotto gli occhi.

Il suo committente deve parlare di giustizia e gli torna comodo un vecchio saggio, un capo pastore che conosce la vita.

L'anziano suocero ha capito, dai resoconti che arrivano fin lassù, fra le sue montagne, che quello strano genero, per lo più incomprensibile nei suoi atti folli, è un protetto dell'altissimo e pensa bene di andare a fargli visita, cogliendo così l'occasione per riportargli

Zippora, la moglie che Mosè aveva rimandato al padre, in attesa di tempi migliori. Giunge a Mosè con quella figlia che Ietro aveva, forse un po' affrettatamente, data in sposa all'umile ospite, timido e scontroso, un genero destinato a sconvolgergli la vita con sorprese e grattacapi.

Già che c'è, porta anche i due nipoti, che riflettono nei loro nomi le avventure di quell'imprevedibile padre, sempre pronto a far miracoli in nome di un Dio onnipossente e vendicativo.

Il rispetto verso gli anziani nel Libro non si discute.

Mosè potrà anche essere potente, uno che con Dio è in stretta confidenza, ma alla notizia dell'arrivo del suocero si precipita fuori della tenda e si prostra in segno di affettuosa riverenza, ricambia l'ospitalità ricevuta tempo prima e gli racconta di tutte le vicissitudini sue e del popolo, di come Dio, alla fine, li abbia sempre aiutati a venir fuori dalle situazioni più disperate.

Par proprio di vederlo, il vecchio capo di armenti, seduto presso i fuochi dei bivacchi ad ascoltare racconti incredibili nelle fredde notti del deserto, o ad aggirarsi nel campo brulicante di vita, curioso e stupefatto dell'autorità di Mosè e dell'immenso compito che si è prefissato di svolgere.

Nozione abbastanza comune è che i vecchi tendono ad impicciarsi dei fatti che non sono propriamente loro e Ietro non fa eccezione: si accorge ben presto che il genero passa giornate intere ad amministrare la giustizia. Caso per caso, Mosè affronta pazientemente tutte le beghe che gli vengono sottoposte ed esprime il suo giudizio, insindacabile.

Tutti sanno che attraverso le sue parole è Dio in persona che parla.

Ma il lavoro è ovviamente massacrante e Ietro non tarda a dimostrare al genero l'ingestibilità di un simile programma. Abituato a suddividere il suo gregge tra i suoi pastori, consiglia saggiamente a Mosè di suddividere il suo popolo e di delegare il potere ad uomini di provata saggezza, uomini insensibili al fascino delle cose materiali, amanti della verità e dell'onestà.

Non che sia facile trovarne, ma Mosè seleziona un gruppo di persone che gli paiono particolarmente fidate, tiene un veloce corso di aggiornamento sui principi di legge ai quali gli aspiranti giudici si dovranno attenere e si piglia un po' di meritato riposo.

A lui verranno poste soltanto le questioni più importanti, una specie di corte costituzionale ante litteram.

Ietro, svolta la sua funzione, se ne torna nelle sue montagne, non si sa se di sua volontà o se amabilmente spinto da un genero ormai stufo di avere, dalla mattina alla sera, un altro saggio fra i piedi.

Il libro ci porta quasi improvvisamente alle pendici del Sinai, monte destinato a ricorrere spesso nella storia e nella progenie di quegli uomini e di quella terra, solitario nella sua sterile, arida maestosità.

Chissà perché il Signore dell'universo ha scelto proprio questo posto per manifestare in modo inequivocabile la sua legge: aveva a disposizione luoghi lussureggianti di acqua e di vita, pascoli verdi e fertili pianure.

Poteva scegliere popoli ricchi di già antica civiltà, vestiti di lino e di seta, colti nelle arti di rendere piacevole la vita.

Invece elegge a suo popolo prediletto un gruppetto misero, senza palazzi o città strabilianti, destinato fin dall'inizio ad una vita dura di sopraffazione e schiavitù, forte solo del suo orgoglio e di un'incredibile sicurezza in sé e nell'amore del Padre, un amore severo che sottopone gli amati alle prove più dure, a richieste umanamente inimmaginabili.

E' strano questo Dio che decide di manifestarsi in mezzo al fuoco e alle fiamme, fra un tremar di terra e di cuori, che scende come un'astronave proveniente da mondi sconosciuti, avvolto nel fumo in un terribile suonar di corno.

Tutta questa sceneggiatura, degna del miglior George Lucas, non serve a Dio per manifestare ulteriormente la sua infinita potenza.

Il Signore si presenta in modo così eclatante per sconvolgere il cuore e la mente delle sue creature: deve imporre la sua legge, e deve farlo in modo tale che essa resti impressa a fuoco, indelebilmente, nell'animo degli uomini, questi figli così intelligenti da riuscire persino a distruggere se stessi e il mondo quasi perfetto dove Dio, nonostante il loro peccato, li ha posti.

Per gestire il suo dominio del mondo l'uomo ha bisogno di regole ferree.

CAPITOLO VIII

Amami più di ogni cosa.

Se vuoi vivere, dice Dio all'uomo, devi porre me, il tuo alito di vita, al di sopra del sole e della luna, delle cose che conosci e dei misteri che restano insondabili.

Amarmi ti porrà al di sopra della ricchezza e della povertà, della sapienza e dell'ignoranza, della vendetta e del perdono. Non sbagliare nelle tue scelte, perché le conseguenze dei tuoi errori ricadranno sui tuoi figli e sui figli dei tuoi figli.

Non pensare di potermi immaginare e rappresentare, non esiste mezzo possibile per descrivere chi ha il segreto della vita.

Finiresti per adorare solo i frutti della tua sfrenata fantasia, non faresti che inchinarti davanti alla tua ambizione di essere il padrone dell'universo.

Non darmi un nome.

Lo useresti per chiamarmi ad ogni istante di debolezza.

Lavora la terra ed i suoi frutti, usa le tue mani e la tua mente meglio che puoi, adopera il mondo che ti ho donato, godi del frutto delle tue fatiche, ma ricordati di regalare al tuo animo il tempo di levarsi verso di me, non dimenticare mai la tua eredità divina e ad essa reca omaggio.

La vita è un'incredibile opportunità: coloro che te l'hanno donata sono sacri, anche se non sempre l'hanno fatto consapevoli dell'atto immenso che compivano, anche se te l'hanno data per caso, per distrazione, per ignoranza o per egoismo.

Non toglierla a nessuno, mai, in nessun caso. Non sei tu il suo padrone.

Non sprecare il tuo seme. Rispettalo, è la cosa più sacra che il tuo corpo possiede. Ti è stato donato per spargere la vita.

Cerca di ottenere quello che desideri con il tuo lavoro, non pensare di alleviare la fatica sottraendo il frutto del tuo vicino, ti costerebbe troppo.

La libertà è figlia diretta della verità: non rinunciare mai a questa o a quella. E' terribile essere schiavi delle proprie menzogne.

Se lo scopo della avventura umana è la ricerca della felicità, non lo raggiungerai guardando con bramosia ciò che non è tuo: guarda dentro la tua casa, lì troverai tutto quello che desideri.

Così parlò Dio a Mosè.

CAPITOLO IX

Sappiamo tutti che le leggi, per quanto di origine divina, da sole non bastano.

Bisogna capirle, approfondire il loro significato, considerarne le varie interpretazioni, analizzare bene la giurisprudenza esistente ed è questo che il nostro cronista inizia subito a fare: chiarisce, allarga, restringe, ed interpreta i concetti drastici emessi dalla voce tonante di Dio.

Capisce che deve adattare all'elastica morale umana le norme inequivocabili impresse a fuoco in quelle tavole pesantissime che Mosè, unico fra il popolo, può cogliere direttamente alla fonte, fra spaventevoli tuoni e tremar di monti.

Il popolo di Mosè è povero, non possiede oro ed argento in grandi quantità da esibire in altari ad un Dio esigente.

Il cronista allora, prima di tutto, ricorda la semplicità, raccomanda altari di umile terra sui quali celebrare i sacrifici: che le offerte dell'uomo siano all'altezza delle sue mani, niente scale che spingano il suo orgoglio a volersi avvicinare al suo creatore, niente monumenti elaborati che possano rivaleggiare con la meravigliosa architettura divina.

Poi comincia decisamente ad indossare i panni del giurista .

Siccome Dio si è dimenticato di parlare del fatto che ad un uomo può capitare di aver bisogno del lavoro di un altro, stabilisce immediatamente le norme che regolano la schiavitù.

Il succo del discorso è: va tutto bene purché non si esageri.

Intanto, se lo schiavo è ebreo, il discorso cambia, a meno che non sia una sua scelta quella di rimanere servo tutta la vita: se lo sei, in fondo, non ti assumi responsabilità, il tuo padrone deve nutrirti, proteggerti e curarti perché rappresenti una parte delle sue ricchezze.

Certo, bisogna avere un po' di fortuna ed incappare in un padrone buono e giusto, ma si sa che certi uomini preferiscono la schiavitù al peso della libertà.

Se sei una donna, poi, non si discute neppure, la tua sorte è decisa dal padre, dal marito o dal fratello di turno, questa è storia vecchia.

Il cronista, però, cerca di mettersi nei panni di quelle povere disgraziate: se vendi una donna per favore accertati che il suo nuovo padrone la tratti con umanità, raccomandagli di non cederla al primo che passa per la strada e, mi raccomando, che le dia da mangiare e da vestire anche se non la vuole più nel suo letto.

Parliamo comunque di un essere umano.

D'accordo, la legge di Dio dice di non uccidere, anche Caino doveva essere punito dal Padre e non dagli uomini, ma la società si deve pur difendere.

Cominciamo a distinguere se l'uomo ha ucciso accecato dal suo istinto distruttivo o se c'era proprio l'intenzione di uccidere, con l'agguato e l'inganno.

Distinguiamo se uno uccide il suo vicino o il suo schiavo: le cose sono diverse.

La vita è sacra, dice la legge sulla pietra, ma proprio perché lo è, aggiunge il cronista a maggior chiarimento di quello che dovrebbe essere il pensiero divino, devi difenderti da quegli infami che la calpestano per leggerezza o malvagità.

Devi eliminare chi è talmente sacrilego da uccidere o

maledire chi gli ha dato la vita e chi, al di fuori delle norme a tal scopo stabilite, toglie la libertà al fratello e lo cede in schiavitù.

Tutto il severo amore che trapelava dalla pietra del Sinai sembra scomparire sotto la martellante logica di un cronista sempre più vicino a coloro che egli avrebbe il compito di educare: se prendi il mio occhio, voglio in risarcimento il tuo.

Niente di più, niente di meno.

Sono parole che non lasciano adito a dubbi, ma la questione di chi sia, in realtà, il padrone della vita viene dibattuta da millenni e non ne siamo ancora venuti fuori.

Dopo lo spinoso problema della vita segue, quasi sul filo di lana, quello della proprietà: come faccio a vivere, sembra dire l'uomo, se non mi garantisco i mezzi per la sopravvivenza mia e di coloro che dipendono da me?

E se io amo talmente i miei figli da desiderare per loro una tenda più ampia e coperte più calde, chi può dirmi qualcosa?

Se uno scellerato ruba le mie coperte, non ho diritto

a rivalermi su di lui e sul suo?

Il Libro prosegue con quello che sembra un inno al valore sacro della proprietà, sino al punto di coinvolgere Dio stesso nel giudizio dei casi apparentemente insolvibili dall'intelligenza umana.

La società, spiega il cronista, deve difendere ad ogni costo l'uomo, la sua vita e le sue cose, deve accertare la colpevolezza o l'innocenza, deve istituire tribunali e pene.

Altrimenti non funziona.

L'alternativa è il caos, la legge della giungla, chiamala come vuoi, l'uomo nei millenni si è sbizzarrito nel definire una società alla deriva per mancanza di regole che stabilissero il corretto comportamento di ogni singolo individuo in relazione a se stesso e ai suoi simili.

La legge sulla pietra è solo un'indicazione di massima, Dio non può mettersi ad analizzare tutti i casi particolari e perdersi nei cavilli, ne andrebbe della sua divina dignità.

Così il cronista, rappresentante della parola di Dio, si scervella nell'andare a trovare i casi controversi che capitano più sovente nell'accampamento del popolo di Mosè, nei difficili rapporti fra i capi tribù che devono sedare discordie e riappacificare animi: enuncia principi che indicano una strada di grande rigore e d'improvvise, inaspettate sensibilità.

Non maltrattare lo straniero, ricorda sempre le tue sofferenze in Egitto; non basare le tue testimonianze sulla convenienza o sul desiderio di compiacere il potente; agisci con umana pietà anche con il tuo nemico, rispetta e proteggi anche la sua proprietà.

Ci sentiamo perplessi nell'accogliere queste parole così dolci dopo il terribile amaro della legge che ti autorizza a prendere una vita nuova per una vita persa.

Fra mille contraddizioni, il messaggio serpeggia fino a giungere al nostro cuore: la via della misericordia è sempre preferibile all'inevitabile sete di giustizia.

Il Signore ha già sottolineato che nulla e nessuno può vivere di solo lavoro.

Dio stesso ha sentito il bisogno di riposare dopo sei giorni di fatica: tutta la natura deve seguire questo principio. Il cieco e continuo sfruttamento delle creature e della terra su cui camminano è male e porta solo al male.

I figli degli uomini hanno trascurato spesso questa spinta al rispetto della natura.

Adesso però il cronista deve dedicare la sua attenzione al suo potente committente, che si rivela incredibilmente puntiglioso nello stabilire i riti e gli obblighi verso di lui: il cronista stila un contratto degno del più scafato notaio, non vuole lasciare nulla al caso o alla buona volontà degli uomini, notoriamente poco affidabili e, fra promesse, consacrazioni ufficiali e dettagli sui vari look da usare nelle molteplici circostanze sacre e profane, si prosegue nella storia di un popolo che, nonostante le ripetute cadute di stile, continua a ritenersi eletto.

CAPITOLO X

Dio si è sbagliato, o il cronista ha interpretato male il suo pensiero.

Aveva ritenuto che all'uomo fosse sufficiente l'altare del suo animo e la ricchezza della sua mente per glorificare la grandezza del suo creatore.

Aveva suggerito una semplice ara di terra santificata su cui celebrare le offerte, ma si rende conto che gli uomini hanno bisogno di apparenze. Il loro Dio non può limitarsi ad essere grande come l'universo, onnipotente nella sua giustizia e nella sua misericordia. Deve apparire ai loro occhi umani in vesti sfolgoranti di luce e di bellezza, essere immerso nell'oro e nei tessuti più preziosi, brillare di gemme preziose, altrimenti che Dio è.

Non può sfigurare davanti ad un semplice faraone o agli altri dei cui vengono dedicati palazzi e monumenti sontuosi.

Non ci si può vergognare del proprio Dio.

Il nostro cronista, intelligente e pronto ad affrontare tutti i cambiamenti di programma, si adegua immediatamente e snocciola una serie infinita di istruzioni e di regole per onorare con la dovuta pompa il Dio del popolo eletto.

Una stirpe in marcia verso una terra promessa ancora lontana non può certo mettersi a costruire templi grandiosi: deve usare la grande tecnica dei suoi artigiani, debitamente istruiti da Dio, per costruire un tempio portatile, che li possa accompagnare tappa per tappa.

E giù oro, argento, bronzo a non finire, lini purpurei e veli scarlatti, pietre preziose ed oli aromatici.

Niente deve essere risparmiato per abbellire l'arca del Signore. Ogni figlio d'Israele, ricco o povero che sia, verserà il suo contributo, uguale per tutti.

Dio non pare aver scoperto ancora la proporzionale o forse, il cronista non ha proprio un debole per i poveri.

Il Libro offre istruzioni dettagliatissime per ogni particolare del santuario mobile, per le preziose, elaborate vesti dei sacerdoti e per i rituali dei sacrifici. Nulla viene lasciato al caso o all'inventiva del singolo: se non vi sono istruzioni, l'uomo si mette ad adorare persino un vitello, sia pure d'oro.

Il Signore non si fa illusioni sul popolo che ha scelto come suo primogenito, sa che ad ogni momento difficile s'imbarca e sbatte da tutte le parti.

Lo definisce a più riprese "duro di cervice" perchè non finisce mai di cozzare contro il muro della propria fragile ignoranza. Lo deve proprio imbrigliare con norme severissime, immutabili.

Così magari riesce a stare in piedi.

Gli è costata cara, però, al popolo di Dio questa stretta, scomoda alleanza: avvolto in quelle corde, non ha mai potuto né voluto mescolarsi agli altri popoli, che l'hanno odiato e temuto.

Si è chiuso come un riccio all'interno della legge di quel Dio esigente, sempre con il timore di contaminarsi a contatto con i non eletti.

Il Signore, su questo punto è inflessibile: lo splendido, sofferto isolamento verrà ripagato con il Suo aiuto e la Sua costante protezione.

Sicuramente la nostra visione delle cose è limitata,

ma non sembra che Dio sia stato proprio di parola, a meno che il popolo di Abramo non l'abbia fatto incavolare definitivamente, attaccandosi ai particolari formali, invece di capire il suo messaggio di giustizia e misericordia.

Già con la storia del vitello d'oro aveva detto a Mosè parole di fuoco e aveva deciso di tenersi lontano per non venir preso dalla tentazione di sterminare quelle sue povere, stupide creature.

Mosè però è un eccellente diplomatico che sa trovare le parole giuste anche di fronte ad un Dio terrificante nella sua furia: "Ho già fatto sterminare dai miei fedeli Leviti, tuoi sacerdoti, tutti coloro che hanno adorato un Dio d'oro, ma se proprio devi cancellare dal tuo libro il popolo che tu hai eletto, ebbene cancella me per primo."

Egli è sempre l'uomo che sa assumersi la responsabilità del capo: se la mia gente ha sbagliato io sono il primo colpevole.

Se le mie parole sciolgono la tua terribile ira, manifesta la tua presenza vicino a me e fa' che il tuo popolo ritrovi la grazia.

Dio pare inchinarsi davanti alla dignità ed al coraggio di Mosè, lo prende a esempio per tutto ciò che di grande ed onesto esiste nelle folli creature che ha creato, gli dà un enorme riconoscimento: "Ti conosco per nome" afferma e rinnova, infine, la sua promessa.

Avviatevi verso la terra promessa che ho giurato di donarvi, la terra dove scorre latte e miele; caccerò coloro che possono contrastarvi il cammino, ma non verrò in mezzo a voi perché la vista delle vostre umane debolezze mi farebbe sorgere il desiderio di distruggervi.

Con l'oro avete peccato e con l'oro e le ricchezze di cui vi ornate mi dovrete ripagare.

Ognuno di voi darà il suo contributo per la costruzione del più splendido altare che si possa immaginare. Sarà la tenda di Dio che porterete con voi per tutto il viaggio a testimonianza dell'unico Signore vostro.

Vi laverete della cupidigia donando per la mia arca le vostre ricchezze, ma dovrà essere dal profondo dell'anima che nascerà la vostra offerta, è la vostra purezza di cuore che voglio.

Solo così accetterò la vostra devozione e vi proteggerò con la mia nube di fuoco fino alla terra promessa.

L' autore

ROSALBA ROSSI COROCHER è nata a Bolzano e vive a Vittorio Veneto. Ha studiato negli Stati Uniti, in Francia ed Inghilterra. Ha conseguito la Laurea in Lingue e Letterature Straniere presso l'Università di Padova e quella in Storia presso l'Università di Venezia. Ha insegnato inglese per diversi anni e da qualche tempo si dedica alla scrittura.

Ha pubblicato il libro "Bolzano oh cara".

www.ingramcontent.com/pod-product-compliance
Lightning Source LLC
Chambersburg PA
CBHW051758040426
42446CB00007B/424